rowohlts monographien
begründet von Kurt Kusenberg
herausgegeben
von Klaus Schröter

Aldous Huxley

**mit Selbstzeugnissen
und Bilddokumenten
dargestellt von
Theo Schumacher**

Rowohlt

Dieser Band wurde eigens für «rowohlts monographien» geschrieben
Den Anhang besorgte der Autor
Herausgeber: Klaus Schröter
Mitarbeit: Uwe Naumann
Assistenz: Erika Ahlers
Schlußredaktion: K. A. Eberle
Umschlagentwurf: Werner Rebhuhn
Vorderseite: Aldous Huxley, um 1925
Rückseite: Karikatur von Ernest Forbes

Veröffentlicht im Rowohlt Taschenbuch Verlag GmbH,
Reinbek bei Hamburg, September 1987
Copyright © 1987 by Rowohlt Taschenbuch Verlag GmbH,
Reinbek bei Hamburg
Alle Rechte an dieser Ausgabe vorbehalten
Satz Times (Linotron 202)
Gesamtherstellung Clausen & Bosse, Leck
Printed in Germany
980-ISBN 3 499 50368 9

Inhalt

Um 1950

Vorwort

Aldous Huxleys Name wird meist in einem Atemzug mit *Brave New World*, seinem berühmtesten Buch, genannt. Kein Wunder: Mit *Schöne neue Welt* gelang Huxley ein einzigartiger Wurf. Das Buch erschien 1932 und hat seither nichts von seiner ursprünglichen Frische, seiner eigentümlichen Faszination eingebüßt. Im Gegenteil: Auf den heutigen Leser wirkt diese Antiutopie unmittelbarer, bestürzender als auf den damaligen, ermißt er doch auf Schritt und Tritt, wie weit seine Zeit Huxleys düstere Prognose eingeholt hat.

Das übrige Schaffen und Wirken des ungewöhnlich gebildeten, sensiblen und nach Erkenntnis strebenden Autors ist dagegen in den Hintergrund getreten. Zu Unrecht, denn sein Gesamtwerk ist voll hochaktueller Thematik, die uns noch lange beschäftigen wird.

Huxleys Londoner Verleger sagten einmal zutreffend, ihr Autor halte mit seiner Flinte sehr weit vor, um den Schwarm so richtig in seinen Schrot hineinfliegen zu lassen.[1]*

Schon 1928 erkannte Huxley in einem *Progress* betitelten Essay die natürlichen Grenzen des wirtschaftlichen Wachstums und warnte die damalige Generation davor, durch den Raubbau an Bodenschätzen auf Kosten ihrer Kinder zu leben. Und 1948, noch bevor von Wirtschaftswundern die Rede war, entlarvt er mit seiner zweiten Zukunftsvision *Affe und Wesen* – man schreibt das Jahr 2108 und gehört zu den wenig beneidenswerten Überlebenden eines Atomkriegs – den vordergründigen Segen von Hochkonjunktur und Lebensstandard als Büchse der Pandora und läßt unserer heutigen Hybris eine höhnische Abfuhr erteilen: *Bezwinger der Natur, daß ich nicht lache! In Wirklichkeit hatten sie doch nur das Gleichgewicht der Natur erschüttert und waren bereits im Begriff, die Folgen zu spüren. Denken Sie nur daran, was sie in den letzten anderthalb Jahrhunderten vor dem bewußten Ereignis angerichtet hatten! Die Flüsse verschmutzt, die wildlebenden Tiere ausgerottet, die Wälder vernichtet, die Ackerkrume ins Meer gespült, ein Ozean von Petroleum verbrannt und die Mineralien vergeudet, die sich im Laufe der ganzen Erdgeschichte abgela-*

---

* Die hochgestellten Ziffern verweisen auf die Anmerkungen S. 126 f.

gert hatten. Eine Orgie krimineller Dummheit. Aber die Menschen nann-
ten es Fortschritt. Fortschritt![2]

Das alles ist Huxley, wie man ihn kennt. Und wie vertraut klingen uns heute solche Worte in den Ohren! Aber es ist doch nur die eine Seite der *multiplen amphibischen Natur*, als die er den Menschen bezeichnete und die in erster Linie er selbst war. Denn bei aller Sorge um das Wohl oder Wehe der Welt, in der wir leben, ging es ihm noch mehr um die Frage: Wie kann man über sein eigenes Selbst hinausgelangen, die Vereinigung mit jenem «tiefer noch Verwobenen» (Wordsworth) erreichen? Huxley, einer der gebildetsten Autoren der modernen Literatur, verfügte über erstaunliche naturwissenschaftliche Kenntnisse, die ihn befähigten, mit seinem Bruder, dem berühmten Biologen Sir Julian Huxley, und dessen Kollegen als Gleicher unter Gleichen zu verkehren. Aber er wußte, daß der Naturwissenschaftler nur die unechten Geheimnisse zu enthüllen vermag, daß er, je mehr er entdeckt, nur um so ehrfürchtiger dem Rätsel des Lebens gegenübersteht. Diese Verzahnung von Physik und Metaphysik, Bios und Logos hat seinen späteren Werken einen unverwechselbaren Stempel aufgedrückt.

Seine weitgespannte Entwicklung vom ästhetischen Nihilismus seiner frühen Jahre über das von D. H. Lawrence inszenierte Intermezzo heidnisch-anarchischer Zivilisationsfeindlichkeit bis hin zu den Pforten mystischer Wahrnehmung ist von hoher zeitdokumentarischer Bedeutung; sie zeigt zudem exemplarisch, wie ein moderner, sich seiner höheren Bestimmung bewußter Mensch seine Welt entdeckt, sein Selbst ergründet und seinem inneren Ruf folgt, getreu seinem von Goya übernommenen Wahlspruch «Aún aprendo» (Immer ein Lernender).

Kindheit und Jugend

Die Viktorianische Ära war von einer Vielzahl wissenschaftlicher, sozialer und kultureller Umwälzungen gekennzeichnet, über die in einer Atmosphäre geistiger Freiheit mit Leidenschaft und Pathos debattiert wurde. Ausgefochten wurde dieser Streit von einer bürgerlichen Elite, die aus innerer Verantwortung, oft auch aus religiöser Überzeugung, es nicht dabei bewenden ließ, die Strömungen ihrer Zeit zu messen und zu untersuchen, sondern sie je nach weltanschaulichem Standort zu stärken, zu steuern oder zu hemmen trachtete. Diese Elite bestand aus einer Handvoll Familien, die oft über mehrere Generationen hinweg in diesem Sinne wirkten, unter ihnen mit an vorderster Stelle die Huxleys und die Arnolds: Beide haben sie die Bildung und Kultur ihres Landes vorangebracht, beide haben sie, wenn auch mit gegensätzlicher Zielrichtung, der Wahrheit gedient, beide haben sie ihre Zeit wesentlich mitgeprägt.

Aldous Huxleys Großvater väterlicherseits war der große Biologe und Denker Thomas Henry Huxley (1825–95), der als Mitstreiter und «bulldog» Charles Darwins die Evolutionslehre unerschrocken auch auf den Menschen übertrug, ihr durch unermüdliches Wirken in Wort und Schrift zum Durchbruch verhalf und das Wort «Agnostiker» erfand, um seine eigene Haltung zur Religion zu definieren. Sein Urgroßvater mütterlicherseits war Thomas Arnold (1795–1842), der als Headmaster von Rugby das Public School-Wesen modernisierte und durch die Betonung des «character training»[3] zur Brutstätte einer Führungselite machte. Sein Großonkel Matthew Arnold (1822–88), der bedeutendste Literatur- und Kulturkritiker seiner Zeit, zog gegen den materialistischen Fortschrittsglauben und spießigen Provinzialismus des viktorianischen Bürgertums zu Felde und setzte dagegen seinen eigenen religiös-humanistischen Kulturbegriff von «sweetness and light». Seine Tante, Mrs. Humphrey Ward, geb. Arnold (1851–1920), war eine hochbewertete Schriftstellerin, die die Erschütterung des traditionellen Weltbildes durch Naturwissenschaft und Bibelkritik zum Gegenstand ihres Romanschaffens machte.

In diese erstaunliche Ahnenreihe wurde Aldous Leonard Huxley am 26. Juli 1894 hineingeboren; seine zwei Brüder Julian und Trevenen (Trev) waren sieben bzw. fünf Jahre alt, eine Schwester, Margaret, folgte 1899. Die Huxleys wohnten zu dieser Zeit in Godalming, einer kleinen

Die Ahnen: Thomas Henry Huxley. Gemälde von John Collier...

Stadt in der Grafschaft Surrey, 50 Kilometer südwestlich von London. Ihr Haus, genannt «Laleham», war ein spätviktorianischer Bau, den ein 2000 Quadratmeter großer Garten umgab. Vater Leonard unterrichtete an der dortigen Public School Charterhouse, bis er 1900 mit einer viel beachteten Biographie seines berühmten Vaters an die Öffentlichkeit trat und den Lehrberuf an den Nagel hängte. Er wurde Verlagslektor und zog 1901 mit seiner Familie ins 3 Kilometer entfernte Haus «Prior's Field». Dort gründete seine Frau, Julia, geb. Arnold, eine eigene Schule, die dank ihren idealistischen Bildungszielen und liberalen Erziehungsmethoden sich bald hohen Ansehens und großen Zulaufs erfreute. Zu ihren Schülern zählte für kurze Zeit auch der siebeneinhalbjährige Aldous.

Die Eltern Huxley waren sich ihres beidseitigen kulturellen Erbes wohl bewußt und fest entschlossen, es an ihre Kinder weiterzugeben. «Nichts durfte den Aussichten der Kinder im Wege stehen, für die das Beste gut genug war – und von denen nur das Beste geduldet wurde.»[4] Dies bezog sich in erster Linie auf die Schulbildung, die nach altem Brauch von einer Prep(aratory) School (Vorbereitungsschule mit Internat) über eine der elitären Public Schools wie Eton, Harrow oder Rugby an eine der beiden altehrwürdigen Universitäten Oxford oder Cambridge führte.

Im Herbst 1903 – die beiden älteren Brüder waren bereits in Eton – mußte auch Aldous sein Elternhaus verlassen. Zusammen mit seinem Vetter Gervas Huxley bezog er die nahegelegene Prep School Hillside. Als der hochaufgeschossene, zart gebaute Junge, der «sich auf einer anderen Ebene des Seins bewegte als wir übrigen Kinder»[5], dort auftauchte, schien er die ideale Zielscheibe für das übliche Hänseln und Piesacken der Mitschüler zu sein. Aber Aldous «besaß den Schlüssel zu einer unangreifbaren inneren Festung, in die er sich aus den Nöten und Leiden eines Schuljungendaseins zurückziehen konnte»[6], ohne sich jedoch zu isolieren; denn immerhin glänzte schon der Zwölfjährige bei einer Schüleraufführung von «Der Kaufmann von Venedig» in der Rolle des Antonio.

. . . und Matthew Arnold. Gemälde von G. F. Watts

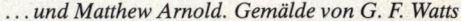

Die Mutter Julia, geb. Arnold

Es vergingen fünf Jahre glücklicher Schulzeit, unterbrochen von Ferien, die die Geschwister wandernd und radfahrend im hügeligen Heideland von Surrey verbrachten, sofern sie nicht mit den Eltern – Vater Leonard war passionierter Bergsteiger und Trev sogar Erstbegeher schwierigster Routen – ins Berner Oberland oder in die französischen Alpen fuhren. Im Herbst 1908 ging Aldous nach Eton. Das Haus Huxley schien unter einem günstigen Stern zu stehen. Leonard hatte berufliche Erfüllung gefunden, Julias Schule blühte und gedieh, Julian machte am Balliol College in Oxford Furore, und Trev, auch er eine vielversprechende Begabung, war im Begriff, ihm dorthin zu folgen. Die einzige Sorge war Julias Gesundheit. Seit über vier Monaten hatte sie sich nicht mehr wohl gefühlt. Endlich stand die Diagnose fest: Krebs. Am 29. November starb sie.

Für ihren jüngsten Sohn, der am meisten an ihr gehangen hatte, war es ein traumatisches Erlebnis, das er vierzehn Jahre später nur leicht verfremdet schilderte: *Er hatte nicht gewußt, daß sie dem Tode so nahe war, aber als er in ihr Zimmer trat und sie so schwach in ihrem Bett liegen sah, da hatte er plötzlich unbeherrscht zu weinen begonnen. Alle seelische Kraft, auch die zu lachen, war auf ihrer Seite gewesen. Und sie hatte zu ihm gesprochen. Es waren nur ein paar Worte, aber in ihnen war alle Weisheit enthalten, die er zum Leben brauchte. Sie hatte ihm klar gemacht, was er war, was er versuchen sollte zu werden und wie er es werden könnte. Und noch immer unter Tränen hatte er ihr versprochen, es zu versuchen.*[7]

Julius Tod bedeutete das Auseinanderbrechen einer festgefügten Familiengemeinschaft. Leonard Huxley zog nach London, wo er sich 1912 wiederverheiratete, die neunjährige Margaret wurde von Verwandten aufgenommen und Aldous fand im Landhaus seiner Tante, Mrs. Humphrey Ward, Zuflucht und neue Geborgenheit. Der Tod der Mutter hatte ihn nicht nur am härtesten von allen Geschwistern getroffen, er hatte auch seinen Blick für die Abgründe des Lebens geschärft, sein irgendwie Anderssein verstärkt.

Aldous auf dem Rücken seines Vaters Leonard Huxley

Godalming

In Eton, wo Aldous als King's Scholar (Stipendiat) eingezogen war, hatte sich in mancher Beziehung seit der Renaissance nicht viel verändert. Ganze Tage wurden damit verbracht, englische Dichtung unter Einhaltung entsprechender Versmaße ins Lateinische oder Griechische zu übertragen, und auch am Sonntag mußten Aufsätze religiösen oder philosophischen Inhalts geschrieben werden. Jeder Zögling hatte ein eigenes Zimmer, und Aldous benutzte die von ihm so geschätzte Privatsphäre, um die berühmten oder auch berüchtigten Autoren seiner Zeit wie Walter Pater, Oscar Wilde und G. B. Shaw zu verschlingen und den Grundstein zu seinem späteren enzyklopädischen Wissen zu legen. Neben den «Litterae Humaniores» interessierten ihn auch die Naturwissenschaften. Im Jahre 1910 belegte er, von einem engagierten Lehrer dazu angeregt, einen Intensivkurs in Biologie. Er war sechzehn Jahre alt und begann, sich über seinen Weg Gedanken zu machen: er wollte Medizin und Naturwissenschaft studieren und gleich seinem Bruder Julian in die Fußstapfen ihres berühmten Großvaters treten.

Doch da ereilte ihn im Frühjahr 1911 ein neuer Schicksalsschlag. Eine infektiöse Erkrankung der Augenhornhaut, «keratitis punctata», deren Gefahr zunächst nicht erkannt wurde, hinterließ ihn in einem Zustand

Die Geschwister (von oben) Julian,
Trevenen, Aldous, Margaret um 1903

Prior's Field

fast völliger Blindheit, während der ich beim Lesen auf Brailleschrift und beim Gehen auf eine Hilfsperson angewiesen war[8].

Die Ärzte hatten wenig Hoffnung auf Besserung, Aldous mußte Eton verlassen, eine düstere Zukunft wartete auf ihn, der die Seltsamkeit der Dinge mit so großer Verwunderung betrachtet, die vielfältigen Erscheinungen des Lebens mit so wachen Sinnen in sich eingesogen hatte. Bei den Verwandten, die schon seine kleine Schwester aufgenommen hatten, versuchte er sich der neuen Lage anzupassen. Mit eisernem Willen brachte er sich neben der Brailleschrift auch das Maschinenschreiben und das Klavierspielen bei. Sein Vetter Gervas berichtet bewundernd von seiner «Tapferkeit, mit der er diesem völligen Riß in seinem Leben heiter und gelassen und ohne die geringste Spur von Selbstbedauern standhielt»[9]. Erst nach eineinhalb Jahren und vier Operationen besserte sich der Zustand: Während ein Auge fast blind blieb, gewann das andere so viel Sehkraft zurück, daß Aldous zuerst mit einer Lupe und später mit dicken Brillengläsern wieder lesen konnte.

Im Mai und Juni 1912 verbrachte Aldous einen Studienurlaub in Marburg, wo er bei einem Professor Keyser in der Deutschhausstraße 28 wohnte. In mehreren Briefen an seinen Vater erweist er sich trotz seiner Jugend als feiner Beobachter des wilhelminischen Deutschlands. Einmal beschreibt er die Beerdigung eines Professors, bei der die Verbindungsstudenten mit ihren Fahnen und in vollem Wichs angetreten waren, und fährt dann ironisch übertreibend fort: *Jeder, der eine Uniform hatte, trug sie: die außerplanmäßigen Dampfkesselreiniger der Reichsbahn, die königlich-preußischen Rieselfeldbauern, die großherzoglichen Förster – alle in prächtigen Monturen und leuchtenden, farbenfrohen Zugschaffnermützen.*[10] Mehrmals kommt er auch auf die völkische Romantik der Deutschen zu sprechen, mit ihren Kriegerdenkmälern, den unzähligen Bismarck-Türmen und den kulthaften Sonnwendfeiern.

Im Juli und August 1913 besuchte Aldous einen Ausländerkurs in Grenoble, anschließend immatrikulierte er sich am Balliol College, wo sein Bruder Trev Mathematik studierte und sich soeben auf die letzten Examina vorbereitete.

Freilich kam bei Aldous' Sehkraftminderung ein naturwissenschaftliches Studium nicht in Frage. Er belegte statt dessen Englische Literatur und Philosophie und gewährte damit seinem Arnold-Erbe die Chance freier Entfaltung. Aldous kam, und sogleich wurde sein Zimmer «zu einem Mittelpunkt, wo sich die Elite unseres Jahrgangs versammelte, angezogen von dem Magneten seines Geistes, seiner allumfassenden Wißbegierde und seiner nie anmaßenden Freundlichkeit. Über dem Kamin war ein Bild an die Wand geheftet, das ganz und gar nicht den ‹klassischen› Reproduktionen, die allgemein von den Studenten bevorzugt wurden, ähnelte – ein auffallendes französisches Plakat mit einer Gruppe nacktbrüstiger, vollreifer Mädchen am Meeresstrand. An der einen Wand

Eton College

stand ein Pianino. Das Zimmer schien immer voller Leute zu sein, die redeten und lachten und über alles Erdenkliche, Seriöses wie Frivoles, diskutierten. Zu den Frivolitäten gehörte die erst jüngst aufgekommene Jazzmusik, die für Aldous etwas besonders Fesselndes hatte, und auf dem Pianino spielte er solche Novitäten wie ‹He'd have to get under, get out or get under› oder ‹The Wedding Glide›.»[11]

Aldous' älterer Bruder Julian war schon ein Stück voraus. In Januar 1914 ging er nach Amerika und begann am Rice Institute in Texas eine glänzende wissenschaftliche Laufbahn, in deren Verlauf er Professor für Zoologie, Direktor des Londoner Zoos und schließlich sogar Generaldirektor der UNESCO werden sollte. Nur mit Trev, der nach übereinstimmendem Urteil der sonnigste und liebenswürdigste der Huxley-Brüder war, gab es Schwierigkeiten. Hochbegabt, aber zu ehrgeizig, scheiterte er an den übertriebenen Ansprüchen, die er an sich selbst stellte, idealistisch und übergewissenhaft zerbrach er an der Liebe zu einem Mädchen, das er nach den gesellschaftlichen Konventionen von damals nicht heiraten konnte. Auf ärztlichen Rat wurde er zur Behandlung in eine Privatklinik eingewiesen. Am 15. August 1914, als man ihn schon fast geheilt glaubte, machte er einen Spaziergang, von dem er nicht mehr zurückkehrte. Eine Woche später fand man ihn, erhängt in einem nahegelegenen Wald.

In einem Brief an Gervas schilderte Aldous seine Empfindungen: *Es liegt – abgesehen von dem schieren Kummer über den Verlust – etwas zusätzlich Schmerzvolles in dem Zynismus der Situation. Gerade das Höchste und Beste in Trev – seine Ideale – haben ihn in den Tod getrieben.*[12]

Aldous überwand die drei Schicksalsschläge seines Lebens mit einer «seltsamen Verquickung von Sanftmut und Tapferkeit, von Schicksalsergebenheit und Entschlossenheit»[13]. Aber jeder von ihnen – der frühe Tod der Mutter, die schwere Augenkrankheit und der Selbstmord des Bruders – hinterließ eine Wunde, die nie mehr ganz verheilte.

Seit dem 4. August dieses Jahres befand sich Großbritannien im Kriegszustand gegen das Deutsche Reich, der Erste Weltkrieg war ausgebrochen. Aldous kehrte in ein verwaistes Balliol zurück, die meisten seiner Kommilitonen hatten sich zur Truppe gemeldet. Für ihn mit seinen schlechten Augen war jeder militärische Einsatz ausgeschlossen. Und ausgeschlossen kam auch er sich vor, als «seine angestrengt spähende Leuchtturmfigur von einer Musterungsstelle nach der anderen als untauglich abgewiesen wurde»[14].

Im Juni 1916 schloß er sein Studium mit Auszeichnung ab. Im September, nach kurzer Unterrichtsaushilfe an der Public School von Repton (Derby), meldete er sich zum Zivildienst auf dem Gutshof von Lady Ottoline und Philip Morrell in Garsington bei Oxford, wo er sich schon im Dezember des vorhergehenden Jahres gesellschaftlich eingeführt hatte. Philip gehörte zu den wenigen Parlamentsabgeordneten, die gegen die Entsendung britischer Truppen nach Frankreich gestimmt hatten. Aus derselben Protesthaltung heraus beherbergten seine Frau und er Kriegsdienstverweigerer, die sie laut Auflage der Regierung mit landwirtschaftlichen Tätigkeiten beschäftigten. Das elisabethanische Herrenhaus wurde unter der exotisch-exzentrischen Besitzerin, die schon vor dem Krieg am Bedford Square in London den avantgardistischen Bloomsbury-Kreis um sich geschart hatte, nicht nur zu einem Hort des Pazifismus, sondern auch zu einem weithin ausstrahlenden Salon und Musentempel, wo sich besonders am Wochenende Gäste aus Oxford und London versammelten, um über Politik, Literatur und Philosophie zu diskutieren. Namhafte und interessante Persönlichkeiten gingen in Garsington ein und aus: die Schriftsteller Lytton Strachey, Robert Graves, D. H. Lawrence, Katherine Mansfield und Virginia Woolf, die Dichter Siegfried Sassoon und T. S. Eliot, die Kunstkritiker Clive Bell und Roger Fry, der Premierminister Asquith, der Wirtschaftswissenschaftler Mainard Keynes, der Kritiker und Verleger John Middleton

Murry und schließlich der Philosoph Bertrand Russell, der als aktiver Pazifist seine Dozentenstelle in Cambridge verloren hatte und wegen öffentlicher Aufforderung zur Kriegsdienstverweigerung kurz darauf eine Haftstrafe antreten mußte.

In dieser anspruchsvollen Runde fand Aldous Aufnahme und Anerkennung. Juliette Baillot, ein junges Mädchen aus Neuchâtel, das später Julian Huxley heiratete, schildert Aldous' äußere Erscheinung aus dieser Zeit: «[Er] schien mit seinen hundertachtundachtzig Zentimetern sogar noch größer zu sein, weil er sehr schlank war und sich ein wenig vorgeneigt hielt. Sein offenes Gesicht unter dem dichten braunen Haar war blaß, mit vollen Lippen und blauen Augen, die nach innen zu blicken schienen, bis man begriff, daß er auf einem Auge fast völlig blind war und mit dem anderen nur mangelhaft sah.»[15] Osbert Sitwell, ein weiterer Schriftsteller, der Lady Ottolines Gastfreundschaft genoß, erinnert sich an sein Auftreten: «In jeder modernen Theorie der Wissenschaft, Politik, Malerei, Literatur und Psychologie beschlagen, hatte er eine natürliche

Garsington Manor

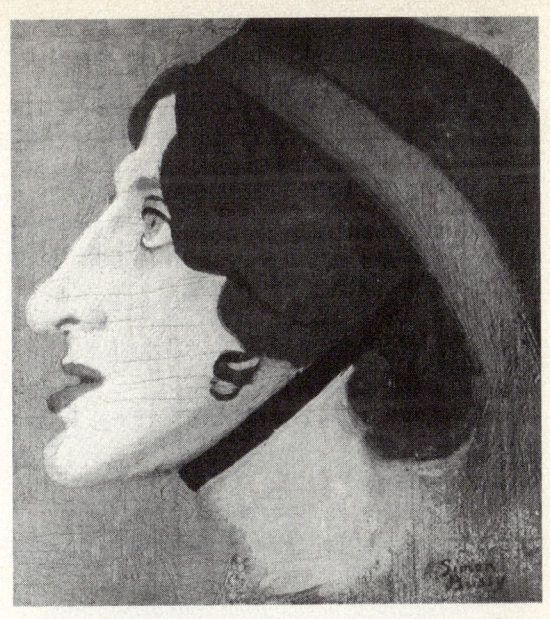
Lady Ottoline Morrell. Gemälde von Duncan Grant

Veranlagung, mit Gedanken umzugehen, mit ihnen zu spielen. Auch Klatsch und Alltägliches waren nicht unter seiner Würde, aber sogar diese Banalitäten wurden von einer philosophischen Warte aus behandelt, mit innerem Abstand und ohne jedes Vorurteil.»[16]

Obwohl Aldous unter dem pazifistischen genius loci von Garsington den Krieg zu hassen begann, wollte er sich seinem Land nicht verweigern. Im April 1917 ging er nach London, um erst im Rüstungsministerium und dann im «Air Board», dem Vorläufer des Luftfahrtministeriums, Schreibtischarbeiten zu übernehmen. Seine Augen waren jedoch dem anstrengenden Aktenstudium nicht gewachsen. Darauf versuchte er sein Glück im Lehrberuf, und zwar in Eton, wo ihm im September eine Stelle angeboten wurde. Aber auch hier stand ihm seine Sehschwäche im Wege; davon abgesehen dozierte er so hoch über die Köpfe der Schüler hinweg, daß er bei ihnen nicht mehr als einen Achtungserfolg erringen konnte. Voll entwaffnender Selbsterkenntnis schreibt er in einem Brief an Juliette: *Unterrichten ist ein Beruf, zu dem ich, wie mir scheint, nicht sonderlich tauge.*[17]

Im Februar 1919 kündigte Aldous seine Stellung an der Schule. Auf der Suche nach sich selbst hatte er seine wahre Berufung erkannt. Seit 1916 hatte er, außer einer Übersetzung von Mallarmés «L'Après-midi d'un faune», schon einige Gedichtbände veröffentlicht; einen davon, *Leda and Other Poems*, legte er T. S. Eliot zur Beurteilung vor, der allerdings nicht imstande war, «irgendwelche Begeisterung für seine Verse aufzubringen»[18]. Ein Gedicht daraus, das am besten dem Zahn der Zeit standgehalten hat, besitzt schon ganz den witzig-frechen, melancholisch angehauchten Charme, der in den bald folgenden Romanen auch ernsthaften Themen Kurzweil und intellektuelles Vergnügen abgewinnen wird.

Fifth Philosopher's Song

A million million spermatozoa,
*   All of them alive:*
Out of their cataclysm but one poor Noah
*   Dare hope to survive.*

And among that million minus one
*   Might have chanced to be*
Shakespeare, another Newton, a new Donne –
*   But the One was Me.*

Shame to have ousted your betters thus,
*   Taking ark while the others remained outside!*
Better for all of us, forward Homunculus,
*   If you'd quietly died!*

Der fünfte Gesang des Philosophen

Von einer Million Samen im Sperma,
welche allesamt quicklebendig,
überlebte die Flut nur ein Noah,
Der allerdings wurde beständig.

Und in der Million minus eins
Befand sich vielleicht unter dem Strich
Ein Shakespeare, ein Newton, ein Keynes,
Doch dieser eine war ich.

Die Besseren konnten nichts hoffen!
Nur Du fand'st die Arche im Dunkel.
Ich wollte, auch du wärst ersoffen,
Du vorwitziger Homunkel!

Aldous Huxley hatte, so lang der Krieg dauerte, die Verbindung zu Garsington nie abreißen lassen. Nun ging diese Episode zu Ende, nicht ohne jedoch sein zukünftiges Leben entscheidend zu beeinflussen. Schon

Maria Huxley

1915 hatte er ein damals siebzehnjähriges Flüchtlingsmädchen aus Belgien kennengelernt, dem Lady Ottoline, wie anderen Flüchtlingen vom europäischen Kontinent, eine Heimstatt gewährte. Sie hieß Maria Nys und war die Tochter eines belgischen Industriellen. Juliette Baillot erinnert sich: «Sie war klein, ein wenig rundlich, aber unsagbar reizvoll, mit großen blaugrünen Augen, die zu dem ägyptischen Skarabäusring an ihrem schlanken Finger paßten, mit einer zarten, leicht gebogenen Nase und einem kleinen spitzen Kinn unter einem üppigen Mund. Ihr Haar... hing wie ein dunkler Helm um ihr Gesicht. Sie hatte das verwundbare und wehrlose Aussehen eines Kindes mit reifem Körper.» [19]

Maria fühlte sich in Garsington nicht so recht zu Hause. Die Atmosphäre bei den häufigen Parties war zwar amüsant und unbeschwert, aber

23

andererseits für das junge Mädchen zu kalt-intellektuell, zu exklusiv-an-spruchsvoll. Zudem galt man erst als erwachsen und wurde ernst genom-men, wenn man sich sexuelle Freiheiten nahm und sich leichten Herzens über Konventionen und Tabus hinwegsetzte. Maria ging keiner geregel-ten Beschäftigung nach, sie wußte nicht recht, was sie mit sich anfangen sollte. Eine Weile nahm sie Ballettunterricht bei dem gefeierten Tänzer und Choreographen Nijinsky; sie hatte Talent, war aber gesundheitlich der Laufbahn einer Tänzerin nicht gewachsen. Auf Huxley machte das temperamentvolle, phantasiebegabte Mädchen einen nachhaltigen Ein-druck.

1916 machte er seinen ersten Heiratsantrag, aber es war mitten im Krieg, Huxley hatte keinen Beruf, und man beschloß abzuwarten. An-fang 1917 zog Maria mit ihrer Mutter und ihren Schwestern nach Florenz, und die beiden Liebenden sahen sich fast zweieinhalb Jahre nicht mehr. Nun aber war man im April 1919, und Huxley wollte nicht noch länger warten: er fuhr nach Belgien, wohin Maria zurückgekehrt war, und ver-lobte sich.

Dennoch waren die Aussichten auf eine frühe Hochzeit nach wie vor ungünstig. Huxley war physisch behindert und von seiner Ausbildung her eigentlich nur für den ungeliebten Lehrberuf geeignet. Von seiner Familie war wenig finanzielle Unterstützung zu erwarten, da sein Vater, inzwi-schen Herausgeber der angesehenen Literaturzeitschrift «Cornhill Ma-gazine», eine neue Ehe geschlossen hatte, aus der mehrere Kinder her-vorgingen. Doch plötzlich, noch im gleichen Monat, kam die Rettung: Middleton Murry, einer der ständigen Gäste von Garsington, bot Huxley eine Mitarbeiterstelle an seinem literarischen Wochenblatt «The Athe-naeum» an. Huxley griff zu, heiratete am 10. Juli und ließ sich mit seiner jungen Frau im Hampstead, dem Londoner Stadtteil der Künstler und Schriftsteller, nieder.

Aldous Huxleys Haupttätigkeit war die eines Buch- und Theaterkriti-kers – er rezensierte 1919 nicht weniger als 210 Titel. Außerdem befaßte er sich, besonders als er wegen persönlicher Differenzen mit Murry zur «Westminster Gazette» überwechselte und nebenbei für «Vogue» und «House & Garden» schrieb, mit Architektur und Inneneinrichtung, Mode- und Gesellschaftsfragen und ähnlichen feuilletonistischen Alltags-themen. Sogar das Erfinden von Werbesprüchen fand er nicht unter sei-ner Würde.

Zwei volle Jahre diente er so von der Pike auf, wertvolle Lehrjahre, die den Oxford-Man zwangen, aus der dünnen Luft des akademischen Par-naß herabzusteigen und zu einem oft nur trivialen Gegenstand so klar, knapp und konkret Stellung zu nehmen, daß er von einem breiten Leser-publikum verstanden wurde. Wenn es auch niemals Huxleys Sache war, «dem Volk aufs Maul zu schauen», verschiedene Sprachebenen zu er-obern und zueinander in Beziehung zu setzen, so schuf er sich während

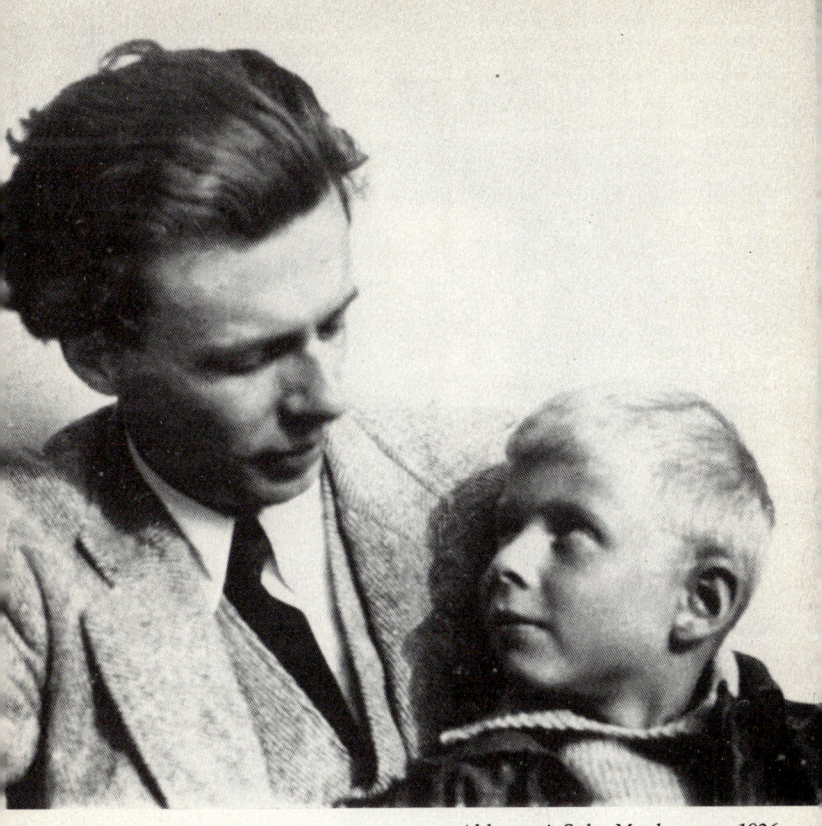

Aldous mit Sohn Matthew, um 1926

dieser Zeit jedenfalls das Rüstzeug für die Zukunft: eine subtil-treffsi-
chere und dabei locker-elegante Sprachartistik, die ihre höchste Reife im
Essay erreichte und ihre Wirkung auf Kritiker und Leser nie verfehlte.

1921 – ein Jahr zuvor war Matthew, ihr einziges Kind, auf die Welt
gekommen – begannen die Huxleys, nicht zuletzt wegen der dort niedri-
geren Lebenshaltungskosten, sich immer öfter und länger in Italien, besonders in Florenz und Forte dei Marmi, aufzuhalten. Huxley hatte die
Lohnarbeit satt, er traute es sich zu, auch auf sich allein gestellt von seiner
Feder zu leben, seiner Laufbahn als Schriftsteller stand nichts mehr im
Wege.

Aldous und Maria, 1932

Die Huxleys mit Sohn Matthew

Der skeptische Ästhet

Mit dem Tod von Königin Victoria im Jahre 1901 war Großbritannien in eine neue Epoche eingetreten. Das Land war dank seinen Kolonien und seiner wirtschaftlich-technischen Überlegenheit unermeßlich reich, und jetzt, als die puritanische Sittenstrenge der alten Königin unter ihrem leichtlebigen Nachfolger Edward VII. dem Prinzip des «Leben und leben lassen» gewichen war, stürzte sich die Oberschicht in einen Taumel der Besitzgier und Genußsucht. Diesem Tanz um das Goldene Kalb zu Lasten der darbenden Massen verdankte der spätviktorianische Gesellschaftsroman seine Entstehung, seine Hauptvertreter waren John Galsworthy, H. G. Wells und Arnold Bennett. Ihre breiten sozialkritischen Prosaepen gehen alle von einer «Geschichte» aus, an die sie moralphilosophische Lehren knüpfen. Ihre Stärke sind objektive Milieubeschreibung und minuziöse Detailschilderung – ein Erbe des französischen Naturalismus –, während Fragen der künstlerischen und psychologischen Gestaltung sie weit weniger interessieren. Die von ihnen dargestellte Gesellschaft steht als fertiges Gebäude am Beginn der Erzählung; «sie wird nicht von den handelnden Figuren geschaffen, sondern umgekehrt: sie schafft diese Figuren»[20].

Um 1920 regte sich gegen diesen heute etwas bieder anmutenden Erzählstil, der das Wesen des Romans für unabsehbare Zeit festzuschreiben schien, eine davon grundverschiedene Literaturströmung. Unter dem Einfluß der Psychoanalyse Sigmund Freuds erschienen 1922 zwei Werke, die den Roman als Literaturgattung von Grund auf revolutionieren: «Ulysses» von James Joyce und «Jacob's Room» von Virginia Woolf. Beide Werke brechen mit der auktorialen Erzähltechnik, bei der der Autor die Handlung logisch aufbaut und chronologisch ablaufen läßt. Statt dessen wird eine Unmenge flüchtiger und schillernder Empfindungen, Erinnerungen und Reflexionen der verschiedenen Figuren eingefangen, ein Strom des Bewußtseins («stream of consciousness»), der mit dem raffinierten Mittel des inneren Monologs dingfest gemacht und widergespiegelt wird. Der häufige Wechsel der Erzählperspektive berücksichtigt eine Vielfalt von Aspekten, deren Summe einen höheren Grad psychologischer Wahrheit zum Ausdruck bringt, als das konventionelle Erzählschema es zu tun vermochte.

Als Aldous Huxley in rascher Folge seine ersten drei Romane heraus-
brachte – 1921: *Eine Gesellschaft auf dem Lande* (*Crome Yellow*), 1923:
Narrenreigen (*Antic Hay*), 1925: *Parallelen der Liebe* (*Those Barren Leaves*) –, schloß er sich weder der einen noch der anderen Richtung an; er
ging einen eigenen Weg. Während bei den «Edwardians» die Gesellschaft
die Hauptrolle spielte, während die Avantgarde sich nur noch mit Bewußtsein und Tiefenpsychologie herumschlug, machte Huxley den Ge-
dankenaustausch zum Mittelpunkt seines «Ideen- oder Konversations-
romans».
Ähnlich dem Bewußtseinsroman ist dieser locker gebaut und arm an
Handlung. Doch im Gegensatz zu ihm sind seine Figuren nur typenhaft
skizziert und haben einzig und allein die Funktion, in gescheiten und halb-
gescheiten Salongesprächen über Moral und Kunst, Religion und Naturwissenschaft, Gesellschaft und Individuum verschiedene Standpunkte zu
vertreten und damit das jeweilige Thema von allen Seiten auszuleuchten.
Mit diesem Genre wandelte Huxley auf den Spuren des literarisch schwer
einzuordnenden Thomas Love Peacock (1785–1866), der in den brillanten Dialogen seiner «house party novels» seine Zeitgenossen parodierte
und ihre Denkklischees verhöhnte.
Aldous Huxleys Figurenkonstellation ist ziemlich stereotyp: Die Rolle
des brillantesten Causeurs ist einem zynischen Epikuräer reiferen Alters
vorbehalten, der mit amüsiertem Blick das Treiben der menschlichen In-
sekten beobachtet, es achselzuckend aufgegeben hat, nach Wahrheit oder
gar Besserung zu suchen und allenfalls noch die Kunst als Lichtblick im
menschlichen Dasein gelten läßt. Um ihn herum gruppiert sich ein bunt-
gemischtes Völkchen: der jugendliche Intellektuelle auf der Suche nach
sich selbst, die als Handlungskatalysator wirkende «femme fatale», der
idealistische Prediger politischer oder sozialer Patentlösungen und etliche
ins jeweilige Konzept passende Komplementärfiguren. Huxley machte
bei dieser satirischen Typenauswahl großzügige Anleihen bei seinem Be-
kanntenkreis, was besonders im Falle von *Eine Gesellschaft auf dem
Lande* – Lady Ottolines Garsington ist zu Crome Yellow umbenannt –
manche Verärgerung hervorrief. Da die Meinungsäußerungen der einzelnen Personen sich oft monologisch über größere Längen hinziehen,
muten die Romane stellenweise essayistisch an, um so mehr als in der
Redeweise der Charaktere kaum Unterschiede gemacht werden und alle
mehr oder weniger den gleichen Jargon sprechen.
Diesem offensichtlichen Nachteil gegenüber war Huxley nicht blind,
wie aus der Äußerung einer späteren Romanfigur hervorgeht, mit der er
sich identifizierte: *Der Ideenroman hat den großen Fehler, etwas Gekün-
steltes zu sein. Unvermeidlich; denn Leute, die sauber formulierte Gedankengänge herunterrasseln können, sind nicht ganz wirklich; sie sind ein
wenig ungeheuerlich, und mit Ungeheuern zusammenzuleben, wird auf die
Dauer recht ermüdend.* Im gleichen Atemzug erkennt er kritisch seine

eigenen Beschränkungen: *Daher schreiben die wirklichen, die geborenen Romanciers keine solchen Bücher. Aber ich habe auch niemals vorgegeben, ein geborener Romancier zu sein.*[21]

Der moralische Grundtenor der Gespräche ist aufklärerischer Rationalismus. Das hört sich bei Mr. Scogan, dem zynischen Epikuräer in *Eine Gesellschaft auf dem Lande* so an: *Da war also Erasmus, ein Mann der Vernunft, wenn es je einen gegeben hat. Zunächst hörte man auf ihn – auf diesen neuen Virtuosen eines eleganten, vielseitigen Instruments: des Intellekts; ja, man bewunderte und verehrte ihn. Aber brachte er sie* (die Menschen) *dazu, sich so zu verhalten, wie er es wünschte, nämlich vernünftig und anständig oder wenigstens nicht ganz so gemein wie üblich? Nein, das schaffte er nicht. Und nun erscheint Luther, voll ungestümer Leidenschaft, ein Besessener mit Überzeugungen auf einem Gebiet, auf dem es gar keine Überzeugungen geben kann. Er brüllte, und die Menschen rannten ihm nach. Auf Erasmus hörte man nicht mehr; er wurde wegen seiner Vernünftigkeit geschmäht. Luther, ja, das war etwas Ernstes, etwas Handfestes – so wie der Weltkrieg. Erasmus war nur Vernunft und Anstand, und da er ein Weiser war, hatte er nicht die Macht, die Menschen zur Aktion zu bewegen. Europa folgte Luther und ließ sich auf eineinhalb Jahrhunderte Krieg und blutige Verfolgung ein. Es ist eine traurige Geschichte.*[22]

Noch derber klingt es bei Mr. Cardan, seinem Pendant in *Parallelen der Liebe*, wenn er dem sozialistischen Weltverbesserer Mr. Falx seine Auffassung von bürgerlicher Moral unter die Nase reibt: *Es war einer der größten Triumphe des 19. Jahrhunderts, die Bedeutung des Wortes «unmoralisch» so einzugrenzen, daß es sich eigentlich nur auf Leute anwenden ließ, die zuviel tranken oder liebten. Alle, die einer anderen Todsünde oder allen anderen zusammen frönten, konnten mit gerechter Entrüstung auf Unkeuschheit und Unmäßigkeit herabsehen. Und sie konnten es nicht bloß, sie können es immer noch – sogar noch heute. Diese Überbetonung von nur zwei der insgesamt sieben Todsünden ist eine schreiende Ungerechtigkeit. Im Namen aller Säufer und Wüstlinge protestiere ich feierlich gegen den gehässigen Unterschied, der zu unseren Ungunsten gemacht wird. Glauben Sie mir, Mr. Falx, wir sind nicht tadelnswerter als euresgleichen. Verglichen mit einigen Ihrer politischen Freunde, fühle ich mich sogar berechtigt, mich beinahe für einen Heiligen zu halten.*[23]

Die Würze, mit der die oft recht abstrakten und mit Bildungsreminiszenzen überfrachteten Gedankengänge schmackhaft gemacht werden, ist ein nie versiegender Witz, der mit seiner boshaften Lustigkeit und seinen hahnebüchenen Einfällen an Voltaire oder Swift erinnert. So meint Mr. Scogan mit scheinbarem Ernst, der anglikanische Klerus sollte zur Unterscheidung von der übrigen Bevölkerung nicht nur den Stehkragen, sondern die ganze Kleidung mit den Knöpfen nach hinten tragen, und Mr. Cardan empfiehlt das Etruskische als Pflichtfremdsprache an Gymnasien, weil es, noch nutzloser als Latein und Griechisch, sich besonders für die Erziehung zum Gentleman empfehle. In *Narrenreigen* gibt der jugendliche Intellektuelle Theodore Gumbril, von einer harten Kirchenbank während des Schulgottesdienstes zum Nachdenken inspiriert, seine Lehrtätigkeit auf und macht die groteske Erfindung eines aufblasbaren Hosenbodens, um aus dem Patenterlös ein freies Leben in der Londoner Bohème führen zu können. Aber es gibt auch Zarteres: In *Eine Gesellschaft auf dem Lande* ist eine bitter-süße Satire über Sir Hercules Lapith eingeblendet, den Zwerg, der sich in einer Welt der Normalgewachsenen selbst zum Maß aller Dinge macht und zuletzt tragikomisch scheitert – ein kleines Juwel, eingefaßt in dem reizvollen Märchenton und der zuchtvollklassischen Sprache von Gullivers Liliput-Reise.

Doch so bunt gefiedert die Pfeile auch sein mögen, die gegen die Gesellschaft und ihre Stützen geschleudert werden – der Grundton des Ganzen ist pessimistisch. Oft genug verzerrt sich die amüsante «human comedy» zur *human vomedy* (to vomit = sich erbrechen), wie Huxley sich einmal nach Art der Freudschen Fehlleistung vertippte. Hinter versnobter Geschwätzigkeit und ästhetisierendem Leerlauf lauert die Furcht vor Vereinsamung. Die Menschen sind unfähig zur Kommunikation geworden. Jeder verkörpert nur einen Teilaspekt des Lebens, ist in seiner Rolle reduziert, in seiner Ganzheit amputiert, lebt wie ein Häftling in einer Einzelzelle. Manche wünschen sich es so, wie die nymphomane Myra Viveash in *Narrenreigen: Parallele Gleise – das war es. Für ein paar Kilometer reiste man mit derselben Geschwindigkeit. Man unterhielte sich aufs angeregteste von Fenster zu Fenster; man würde die Omelette aus dem eigenen Speisewagen gegen die Pastete von drüben tauschen. Und wenn man sich alles gesagt hätte, was zu sagen war, würde man die Lokomotive ein bißchen mehr unter Dampf setzen, dem anderen Adieu winken, eine Kußhand zuwerfen – und auf glatten, glänzenden Schienen auf- und davonfahren.*[24]

Doch zum größeren Teil sind sich die Huxleyschen Figuren ihrer Verstümmelung schmerzlich bewußt. Sie können nur nicht den Graben überspringen, den eine puritanisch-triebfeindliche Erziehung und eine engstirnige Konvention zwischen ihnen gezogen hat. So bleibt ihnen nichts anderes übrig als nach Art von Parallelen einander zu meiden, sich nah und trotzdem fern zu sein. In *Eine Gesellschaft auf dem Lande* will Denis Stone, der jugendliche Intellektuelle, der alles nur aus Büchern kennt, der liebeserfahrenen Anne Wimbush seine Gefühle offenbaren, aber er kann seine solipsistische Verkrampfung nicht überwinden. *«Warum können Sie die Dinge nicht einfach nehmen, wie sie sind?»* fragte sie. *«Es ist so viel leichter.»* – *«Natürlich ist es das. Aber diese Lektion lernt man nur allmählich. Zuerst muß man sich von zwanzig Tonnen rationalem Denken befreien.»* – *«Ich habe immer alles genommen, wie es kam»*, sagte Anne. *«Ich meine, es ist das Nächstliegende. Man genießt die angenehmen Dinge und geht den unangenehmen aus dem Wege. Mehr ist dazu nicht zu sagen.»*

T. S. Eliot

– «Mehr nicht – für Sie. Aber Sie sind ja auch eine geborene Heidin, ich
dagegen mühe mich erst, einer zu werden. Ich kann nichts als selbstverständlich hinnehmen, und ich kann nichts so ohne weiteres genießen.
Schönheit, Vergnügen, Kunst, Frauen – immer muß ich eine Ausrede finden, eine Rechtfertigung für jede Freude, die das Leben schenkt. Sonst
kann ich es nicht mit gutem Gewissen genießen.»[25]

Von der komisch anmutenden Unfähigkeit, sich verständlich zu machen und auf den anderen einzugehen, ist es oft nur ein kurzer Weg zur
Tragödie und Verzweiflung. Als später Denis von der Terrasse aus beobachtet, wie der skrupellose Gombauld mehr Glück bei Anne hat, will er
sich vom Dach stürzen. Scogan, der erfahrene Weltmann, hält ihn davor
zurück und tätschelt ihm den Arm. *Das Gefühl kenne ich. Die Symptome
sind sehr schmerzhaft:* «Was ist der Sinn von alldem? Es ist alles eitel. Wozu
weiterfunktionieren, wenn man dazu verurteilt ist, am Ende doch, wie alles
andere auch, ausgelöscht zu werden?»[26]

Am Ende also steht der Tod, die Bestimmung eines jeden, elend zugrunde zu gehen und grausig zu verwesen. *Es läßt sich nicht darüber hinwegkommen*, sinniert Mr. Cardan, *daß zuletzt das Fleisch Gewalt über den Geist erhält und ihm das Leben auspreßt, so daß der Mensch sich in etwas verwandelt, das nichts Besseres ist als ein winselndes krankes Tier. Und wie das Fleisch, so welkt auch offensichtlich der Geist dahin. Am Ende stirbt das Fleisch und verwest; und es ist anzunehmen, daß der Geist ebenfalls verwest. Und damit hat eure Nabelweisheit ein Ende, samt all ihren Nebenprodukten wie Gott, Gerechtigkeit, Erlösung und so weiter.*[27]

Man hat Huxleys frühe Romane, besonders *Narrenreigen*, oft mit dem 1922 erschienenen Gedicht «Das Wüste Land» (Waste Land) von T. S. Eliot verglichen, das als das bedeutendste lyrische Werk der ersten Jahrhunderthälfte in die Literaturgeschichte eingegangen ist. Das Gedicht schildert, oft mythologisch überhöht, die brüchige, entseelte Welt nach der Erschütterung des Ersten Weltkriegs, deren Menschen steuerlos dahintreiben und in dumpfer Sexualität den Willen zur Fortpflanzung und Erneuerung verloren haben. Huxleys Frühwerk teilt mit diesem Gedicht die Philosophie der Hoffnungslosigkeit; *Narrenreigen* hat außerdem auch dessen kaleidoskopartige Bilderfolge und die filmhaften Um- und Zwischenblenden übernommen.

Aldous Huxley hat keine Memoiren oder Tagebücher hinterlassen, aber fast alle seine Erzählungen enthalten so viele biographische Spuren, daß man aus ihnen, berücksichtigt man die seinen Charakter meist verdunkelnde dichterische Freiheit, das Leben des Autors fast lückenlos rekonstruieren kann. So begegnen wir ihm in dem schüchternen Jüngling Denis (*Eine Gesellschaft auf dem Lande*), der auf dem Landgut Crome Yellow (= Garsington Manor) schmerzhaft mit bisher verborgenen Wirklichkeiten des Lebens konfrontiert wird und unfertig und abgeschlagen das Weite sucht, als seine Liebessehnsucht gerade in Erfüllung zu gehen scheint. Wir treffen ihn wieder in dem jungen, hedonistischen Gumbril (*Narrenreigen*): Wie dieser hat auch Huxley seine Mutter früh verloren; beide kehren dem Schulmeisterberuf den Rücken. Und ähnlich wie Gumbril mit seinen patentierten Hosen, das heißt nicht gerade wählerisch, zu Geld kommen will, so verdingte sich auch Huxley als Gelegenheitskritiker und Werbetexter an die verschiedensten Zeitungen und Zeitschriften. Und schließlich entdecken wir den Autor in Calamy, dem inzwischen herangereiften jungen Mann in *Parallelen der Liebe*.

Der Roman spielt in Mrs. Aldwinkles Barockschloß bei Viareggio, in dem sich eine Gruppe heimatflüchtiger, wirtschaftlich unabhängiger Engländer zusammengefunden hat und in Luxus und Langeweile in den Tag hineinlebt.

Calamy, der elegante Lebemann, dem die Frauen zufliegen, zieht sich am Schluß der Erzählung, angewidert von der Schalheit der Genüsse und dem eitlen Blendwerk der Salongespräche, in die Bergwelt der Apenninen zurück, um in Einsamkeit und Meditation nach Lösung und vielleicht Erlösung zu suchen. Handelt es sich um einen Fehlstart von Huxleys alter ego? Nicht ganz – denn schon in Oxford hatte Huxley sich mit dem deutschen Mystiker Jakob Böhme und dem unter seinem Einfluß stehenden Dichter, Maler und Kupferstecher William Blake beschäftigt, *mit ziemlich viel Skepsis, und ziemlich viel fasziniertem Interesse*[28], wie er viel später in einem Interview aussagte.

Auch im Roman läßt Huxley den Ausgang des Unterfangens offen: *Das Bauernhaus lag nun im Schatten. Wenn er den Abhang hinaufblickte, konnte er eine Baumgruppe sehen, die noch immer schimmerte, als wäre sie gerüstet für ein Fest, dort über der steigenden Flut der Dunkelheit. Und droben am Talschluß ragte, wie ein ungeheurer kostbarer Stein, glühend von eigenem inneren Feuer, die Felszinne durch die Wolken in den blaßblauen Himmel. Vielleicht hatte er eine Dummheit gemacht, dachte Calamy. Aber als er auf den leuchtenden Gipfel blickte, fühlte er sich irgendwie ermutigt.*[29]

William Blake

William Blake, Der gute und der böse Engel.
Farbdruck-Monotypie, mit Bleistift und Aquarellfarbe überarbeitet

Diese Schlußzeilen machen deutlich, daß sich Huxleys erste Schaffensperiode dem Ende nähert; im wüsten Land der zerborstenen Ideale und
zerbröckelnden Maßstäbe sucht er, wenn auch noch zögernd und tastend,
nach einem Mittel, das den verstörten Menschen mit sich selbst ins reine
kommen läßt, ihm seine verlorene Unschuld zurückgibt.

Wenn man bedenkt, wie viele damals noch hochbrisante Fragen in diesen drei Romanen behandelt werden – Geburtenkontrolle, Scheidungs-
reform, Psychoanalyse, moderne Kunst usw. –, wie unbekümmert gesellschaftliche und religiöse Tabus gebrochen werden, so kann man den
ungeheuren Widerhall ermessen, den sie bei der Jugend hervorriefen.
Angus Wilson, geboren 1913, einer der führenden Romanciers unserer
Tage, erinnert sich, wie er an seinem fünfzehnten Geburtstag gleichzeitig
Galsworthys «Die Forsyte Saga» und Huxleys *Narrenreigen* geschenkt be-
kam: «Die Wertvorstellungen der Forsytes deckten sich mit den Lippen-
bekenntnissen meiner Eltern, gegen sie lehnte ich mich auf. Aber *Narrenreigen*! *Narrenreigen* war alles, was ich mir sehnlich gewünscht hatte...
Aldous Huxley war der Gott meiner jungen Jahre.»[30]

Auf den Spuren von D. H. Lawrence

Das Jahr 1923 enthält zwei wichtige biographische Daten. Im Januar schloß Huxley seinen ersten Dreijahresvertrag mit dem Londoner Verlagshaus Chatto & Windus ab, der ihn verpflichtete, pro Jahr zwei Bücher zu liefern, von denen eines ein ausgewachsener Roman sein mußte. Der Vertrag wurde immer wieder, unter zunehmend günstigeren Bedingungen für den Autor, erneuert, und Huxley blieb dem Verlag bis an sein Lebensende treu. Im Frühjahr verließen die jungen Eheleute England, um während der nächsten sechs Jahre im Süden, vorwiegend in Florenz (Castel a Montici) und Forte dei Marmi (Villa Majetta), zu leben. Von dort aus unternahmen sie im Jahr darauf, mit Maria am Steuer des eigens gekauften Citroën, ausgedehnte Kunstreisen durch Italien und Frankreich.

Im September 1925 brachen Aldous und Maria von Genua zu einer Weltreise auf, die bis zur Mitte des folgenden Jahres dauerte und sie nach Indien und von dort über Burma, Indonesien und Japan in die USA führte. Die Erfahrung der indischen Religion mit ihren heiligen Kühen, Fakiren und der dumpfen Fatalität der Gläubigen wirkte auf Huxley ernüchternd: *In meinen Augen ist die «Spiritualität» Indiens der größte Fluch und die Ursache für all sein Unglück ... Ein bißchen weniger Spiritualität, und die Inder wären jetzt frei – frei von Fremdherrschaft und frei von der Tyrannei ihrer eigenen Vorurteile und Traditionen. Es gäbe weniger Schmutz und mehr zu essen.*[31] So lange er Indien vor Augen hatte, erschien ihm Henry Ford größer als Buddha. Aber als er in Amerika Station machte, war er entsetzt über den materialistischen Geschäftssinn seiner Bosse und das platte Nützlichkeitsdenken der breiten Masse. Auch die rastlose, seichte Vergnügungssucht des Durchschnittsamerikaners erfüllte ihn mit Abscheu: *Das Vergnügen an Lärm und Krach, das Vergnügen an pausenloser Tanzerei und Radaumusik, das Vergnügen immer in der Masse zu sein und nie allein.*[32]

Im Oktober 1926, demselben Monat, in dem der Reisebericht *Jesting Pilate* (*Der scherzende Pilatus*) erschien, fand ein bedeutsames Ereignis statt: Huxley traf sich in Florenz mit D. H. Lawrence, den er 1915 flüchtig in Garsington kennengelernt hatte. Diesmal wurde eine Freundschaft daraus, und die Wege der beiden Männer kreuzten sich immer wieder, bis

Florenz

Lawrence 1930 seiner Schwindsucht erlag. Auch die beiden Ehefrauen, Maria und Frieda, wurden in diese Freundschaft einbezogen.

Frieda, geb. von Richthofen, war die Schwester des im Ersten Weltkrieg berühmten deutschen Jagdfliegers Manfred Freiherr von Richthofen. Sie war mit einem englischen Professor verheiratet, bevor sie dem durch eine traumatische Mutterbindung gehemmten Bergarbeiterssohn zuliebe Mann und Kinder verließ und ihn mit ihrer elementaren Lebens- und Liebesfähigkeit aus seiner seelischen Verkrampfung herausführte. Die Huxleys nahmen regen Anteil an den gesundheitlichen und beruflichen Nöten des Freundes – Maria tippte den zweiten Teil von «Lady Chatterley», Aldous half, das in England als obszön verbotene Buch an private Kunden zu verkaufen – und standen an seinem Bett, als es in einem südfranzösischen Sanatorium mit ihm zu Ende ging. 1932 erfüllte Huxley eine letzte Freundespflicht, indem er Lawrences Briefwechsel herausgab.

Obwohl Huxley seinem Freund intellektuell überlegen war – *Lawrence*

Mit D. H. Lawrence in Bandol, 1929

mißbilligte zu viel Wissen, da es den Sinn der Menschen für das Wunder-
bare schmälere und ihre Empfänglichkeit für das große Mysterium ab-
stumpfe[33] –, war er von beiden der nehmende Teil. Lawrence stand Wissenschaft und Technik mißtrauisch gegenüber, er sah in ihnen Ursachen
für die Krankheit des modernen Menschen. Sein ethisches Prinzip war,
*daß es die erste moralische Pflicht eines Menschen sei, nicht über seinen
menschlichen Status – oder über sein ererbtes menschliches Kapital hinaus-
zuleben*[34]. Von zentraler Bedeutung erschien ihm in diesem Zusammenhang die Sexualität. Sie hatte für ihn etwas Sakrales an sich und er sah in
ihr mystische Heilskräfte, die dem Menschen die verlorene Einheit, die
Harmonie der Seele und Sinne wiedergeben könnten. Aber im Gegensatz
zu anderen «Emanzipatoren» war ihm nicht nur die romantische Subli-
mierung des Eros zuwider, er verurteilte auch dessen Entartung zu Lü-
sternheit und Promiskuität; denn eben zwischen diesen beiden Polen lag
ja die Mitte, deren Verlust er beklagte.

Auf Huxley, den kopflastigen Zweifler und Skeptiker, wirkten Worte
wie *Meine große Religion ist der Glaube an das Blut, das Fleisch, da sie
weiser sind als der Intellekt*[35] wie eine Offenbarung: *Bei den meisten anderen hervorragenden Leuten, denen ich begegnet bin, finde ich, daß ich we-*

nigstens zur gleichen Gattung wie sie gehöre. Aber dieser Mann hat etwas Unterschiedliches und Überlegenes an sich – im Wesen, nicht gradmäßig.[36]

Wie Huxley dieses Urphänomen erlebte, was ihn mit ihm verband und von ihm trennte, was er von ihm erhoffte, ging ein in seinen nächsten Roman: *Kontrapunkt des Lebens* (1928), mit dem er dem Freund ein Denkmal setzte.

Der aus der Musik entlehnte Titel *Kontrapunkt des Lebens* (*Point Counter Point*) steht symbolisch für ziemlich dasselbe, was in den ersten drei Romanen die parallelen Linien besagen wollten. War dort ein geometrisches Nebeneinander gemeint, das sich erst im Unendlichen trifft, so bedeutet das neue Bild ein polyphones Nebeneinander von Stimmen, die sich nie zu dauerhafter Harmonie vereinen. Die Figuren des Romans werden Instrumenten verglichen, deren Spiel immer wieder einer ordnenden Hand zu entschlüpfen scheint. *Die Stimmen leben jede ihr besonderes Leben; sie berühren einander, ihre Wege kreuzen sich, sie vereinigen sich für einen Augenblick, eine anscheinend endgültige Harmonie schaffend, nur um sich wieder zu trennen. Eine jede ist stets allein und gesondert und individuell. «Ich bin frei», beteuert die Geige, «die Welt dreht sich um mich.» – «Um mich», ruft das Cello. «Um mich», betont die Flöte. Und jedes hat gleichermaßen recht und unrecht. Und keins will auf das andere hören.*[37]

Kaum chiffriert ist der Autor in der Figur von Philip Quarles zu erkennen. Philip ist ebenso wie Huxley Schriftsteller, seine Gehbehinderung entspricht Huxleys Sehbehinderung. Als einseitiger Kopfmensch beklagt er in seinem Merkbuch, für einen Wahrheitssucher wie ihn sei die Kunst rechten Lebens *viel schwerer als Sanskrit oder Chemie oder Nationalökonomie* und fährt dann fort: *Seit ungefähr einem Jahr beginne ich zu begreifen, daß dieses berühmte Suchen nach Wahrheit nur eine Unterhaltung, eine Zerstreuung ist wie jede andere ... daß Wahrheitssucher auf ihre Art genauso einfältig, infantil und lasterhaft werden, wie die Säufer, die reinen Ästheten, die Geschäftemacher und die Vergnügungssüchtigen auf die ihre ... Dies erklärt, ohne es allerdings zu rechtfertigen, mein beständiges und übermäßiges Schwelgen in den Lastern instruktiven Lesens und abstrakten Verallgemeinerns. Werde ich je die Willensstärke haben, diese unverbindlichen Gewohnheiten des Intellektuellen abzulegen, meine Energien an der ernsthafteren und schwierigeren Aufgabe zu erproben, integral zu leben? Würde ich nicht schon beim Versuch, diesen Gewohnheiten zu entsagen, innewerden, daß sie auf Erblichkeit beruhen und daß ich von Geburt unfähig bin, voll und harmonisch zu leben?*[38]

Am Schluß von Philips Selbstanalyse steht also so etwas wie Kapitulation vor dem Unerreichbaren. Das rationale Denken hat zu große Macht über ihn. Wie Huxley, der sich selbst in die Konstitutionstypologie des amerikanischen Arztes und Psychologen William H. Sheldon[39] als «ektomorphen Zerebrotoniker», das heißt als feinhäutigen, schmalgliedrigen

Gehirnmenschen einstufte, glaubt Philip an die Unentrinnbarkeit des genetischen Schicksals. Eine in Indien spielende Episode zeigt seinen unbezähmbaren Intellekt in voller Aktion und vermittelt einen Eindruck, wie kritisch, wenn auch sicher grob karikierend, Huxley sich selbst beurteilte. Als Philips Chauffeur einen Hund überfährt, entspinnt sich zwischen Mr. und Mrs. Quarles folgender Dialog:

«Armes Tier!» Elinor schauderte.

«War selbst schuld daran», sagte Phil. «Hat nicht aufgepaßt. Das kommt davon, wenn einer den Weibchen seiner Gattung nachläuft.»

Ein Schweigen folgte. Philip war es, der es brach.

«Die Sittlichkeit wäre etwas sehr Komisches», überlegte er laut, «wenn wir nur jahreszeitenweise, nicht das ganze Jahr hindurch, zur Liebe fähig wären. Moral und Unmoral würden von einem Monat zum anderen ihre Rollen tauschen. Primitive Gemeinschaften zeigen eine Neigung, sich den Jahreszeiten mehr anzupassen als kultivierte. Bereits in Sizilien gibt es im Januar doppelt so viele Geburten wie im August. Was schlüssig beweist, daß im Frühling des jungen Mannes Triebe... Aber nirgendwo eben nur im Frühling. Beim Menschen gibt es nichts, was der Hitze bei Stuten oder Hündinnen entspräche, ausgenommen», fügte er hinzu, «ausgenommen vielleicht die Sache mit dem Leumund. Der schlechte Ruf einer Frau lockt ebenso an wie die Anzeichen der Hitze bei einer Hündin. Verruf verkündet Zugänglichkeit. Die Gewohnheiten und Grundsätze der Frau, wenn sie keusch ist, entsprechen dem Verhalten des Weibchens, wenn es nicht gerade läufig ist.»

Elinor lauschte mit Interesse und zugleich einer Art von Entsetzen. Sogar das Zermalmtwerden eines armseligen Tieres genügte, um diese schnell erfassende, unermüdliche Intelligenz in Tätigkeit zu setzen. Einem elenden, ausgehungerten Pariahund wurde unter den Rädern das Rückgrat gebrochen, und der Vorfall rief bei Philip einen Auszug aus der Bevölkerungsstatistik Siziliens hervor, Gedanken über die Relativität der Moral und eine glänzende psychologische Skizze. Es war unterhaltsam, es war unerwartet, es war wundervoll interessant. Aber, oh! sie hätte am liebsten laut hinausgeschrien.[40]

Elinor hätte sich gewünscht, *daß Philip seine gewohnheitsmäßige Unpersönlichkeit durchbräche und nicht nur mit dem Verstand, sondern auch mit seinen Instinkten, Gefühlen und Intuitionen zu leben lernte. Heroisch hatte sie ihn sogar bei seinen unsteten Leidenschaften für andere Frauen ermutigt. Es täte ihm vielleicht gut, ein paar Affären zu haben. So sehr war sie darauf erpicht, ihn als Romancier zu fördern, daß sie bei mehr als einer Gelegenheit, wenn sie ihn das eine oder andere junge Ding bewundernd betrachten sah, keine Mühe scheute, für ihn den persönlichen Kontakt herzustellen, den er für sich selbst nie hätte herstellen können.*[41]

Diese an Konfessionsliteratur erinnernde Textstelle beweist, wie weitgehend Huxley sich mit seiner Romanfigur identifizierte, denn tatsächlich

Nancy Cunard. Fotografie von Cecil Beaton, 1930

gestattete Maria ihm damals solche Freiheiten nicht nur nolens volens, sondern leistete ihnen – Aldous' Biographin und Marias Freundin Sybille Bedford spricht von einer «aristocratic view of sex» [42] – sogar noch Vorschub. In einem Fall allerdings, als sich Aldous in die ebenso verführerische wie eigenwillige Nancy Cunard, Tochter des englischen Schiffahrtsmagnaten, verliebte, wäre die Kur fast über das Ziel hinausgeschossen, und Maria mußte Aldous ultimativ vor die Wahl stellen.

Philip ist unter den zum Teil sehr exzentrischen Figuren des Romans nicht die einzige, die sich am Leben versündigt. Mark Rampion, Schriftsteller und Maler eines erotischen Vitalismus, der in anmutiger Unbeschwertheit zu leben versteht und nicht irgendeiner Chimäre des «Möchtegern» (ein charakteristischer Lawrence-Ausdruck) nachjagt, entlarvt sie alle als Lebensstümper, als *perverts*, da sie sich in Widerspruch zu ihren Trieben verhalten, mehr als menschlich sein wollen und damit nur das Gegenteil erreichen: *Lauter Pervertierte. Pervertierte zum Guten oder Bösen, Pervertierte des Geistes oder des Fleisches; aber immer weg von der mittleren Norm, immer weg von der Menschlichkeit.*[43]

Am Schluß des Romans rüstet Philip zu einer neuen Reise, zu einer neuen Flucht vor sich selbst. Trotz gegenseitiger Sympathie kommt es zwischen ihm und Rampion, der sich in gutmütiger Selbstironie *Weltverbesserungs-Pervertierter* nennt, zu keiner wirklichen Annäherung, was biographisch bedeutet, daß Huxley nichts von seinem Lehrmeister Lawrence gelernt hat, der ja auch nach keiner Lösung suchte, nie nach dem letzten Sinn der Dinge fragte: *Es gibt keine Bedeutung. Leben und Liebe sind Leben und Liebe, ein Veilchenstrauß ist ein Veilchenstrauß, und die Idee einer Bedeutung hineinzerren hieße alles verderben.*[44] Huxley kann nicht über seinen Schatten springen, er bleibt von «des Gedankens Blässe angekränkelt», mit der Welt und sich selbst zerfallen.

Von Mark Rampion abgesehen ähnelt die Figurenkonstellation des Buchs denen der ersten drei Romane. Doch – halt: da ist noch eine weitere Ausnahme: Zu den müßigen Salontändlern und redseligen Schöngeistern gesellt sich ein Charakter, in dem sich das Urböse, Satanische, verkörpert. Von Grund auf verderbt und das Böse um seiner selbst willen tuend, hat Maurice Spandrell, der diese Welt für die Hölle eines anderen Planeten hält, es wie ein verzweifelter Gottsucher Dostojevskijs darauf abgesehen, Gott durch seine Schandtaten zur Selbstoffenbarung zu zwingen. Diese hinzugewonnene Dimension des Dämonischen ist, wie schon Calamys Weltflucht, ein unübersehbares Signal, daß sich der Autor in einem Prozeß des Umdenkens, der Neuorientierung befindet. Noch ist aber dieser Prozeß in seiner wirklichen Bedeutung nicht abzusehen.

In dem 1929 folgenden *Do What You Will (Tu, was du willst)* werden in zwölf Essays die Ideen von *Kontrapunkt des Lebens* noch weiter ausgeführt, indem statt fiktionaler Figuren historische Gestalten als Belege herangezogen werden. Unter dem Untertitel *Francis and Grigory* werden Franz von Assisi und Rasputin gegenübergestellt, wobei der auf Ruhm- und Herrschsucht beruhenden Selbstkasteiung des einen eine weit deutlichere Absage erteilt wird als der auf Seelenheil durch Sünde bauenden Bußbereitschaft des anderen. Noch schärfer – das «épater le bourgeois» mag dabei eine Nebenrolle gespielt haben – tritt Huxleys Abneigung gegen asketische Lebensfeindlichkeit in dem längsten, Pascal gewidmeten Essay hervor: *Pascal war ein gräßlich unmoralischer Mensch. Er sündigte gegen das Leben durch einen konsequenten Exzeß von Heiligkeit, genauso wie ein Völlerer durch ein konsequentes Übermaß von Eßgier, ein Geizhals durch maßlose Habsucht und ein Lüstling durch unablässige Unzucht sündigt.*[45]

Dem französischen Dichter Baudelaire ist ein anderer Aufsatz gewidmet. Auch er, der «débauché», der die Frau entweder als niedrige und erniedrigende Hure oder als unantastbare Gottheit sieht, ist Opfer der christlichen Sündenlehre. *Baudelaire war ein umgestülpter Puritaner. An die Stelle der Askese und Sittlichkeit setzte er die Ausschweifung. Die Mittel, die er verwandte, waren das Gegenteil derer, die von den Puritanern benutzt wurden, das Ziel, das er wie sie erreichten, war das gleiche. Er haßte das Leben ebenso sehr wie sie es taten, und zerstörte es mit demselben Erfolg.*[46]

Demgegenüber versucht der Lebensanbeter, über das *Ausbalancieren der Exzesse* hinweg das Leben in seiner ganzen Vielfalt und Fülle zu leben, entsprechend William Blakes kühner Philosophie: «Ohne Gegensätze kein Fortschreiten. Anziehung und Abstoßung, Vernunft und Energie, Liebe und Haß sind für das Dasein des Menschen notwendig.»[47]

Statt eines eifernden Gottes hätte Huxley lieber einen polytheistischen Olymp, der den Menschen die Pflicht auferlegen würde, allen Göttern gleichmäßig zu opfern, neben dem Apollinischen nicht das Dionysische zu vernachlässigen, nicht in Reue und Sündenbewußtsein zu verkümmern. An anderer Stelle trauert er der englischen Renaissance nach und den *glänzenden und rätselhaften Persönlichkeiten, die sich über die elisabethanische Szene bewegen – Essex, Marlowe, Donne, Königin Elizabeth selbst, Shakespeare, Raleigh und noch viele andere... Wie verfeinert und brutal, sinnlich und spirituell, tatenfroh und kontemplativ, religiös und zynisch Menschen zugleich sein können!*[48]

Diese Verherrlichung des Renaissance-Menschen zeigt Huxley als Apostel der Emanzipation, der nur sich selbst Rechenschaft schuldenden Selbstverwirklichung, die freilich nur denen zugestanden werden kann, *die frei sind, wohlgeboren, wohlerzogen und wohlbewandert im Umgang mit edler Gesellschaft. Für die anderen werden äußere Zügel in Gestalt von Polizisten, innere in Gestalt von abergläubischen Vorstellungen immer vonnöten sein.*[49]

Solch elitärer Verzicht auf absolute Moralwerte läßt an das Renaissance-Erziehungsideal von Baldassare Castiglione denken, dessen «Libro del cortegiano» (1516) den vollendeten jungen Mann bei Hofe heranbilden will, Grundmuster für die nationalen Ausprägungen des caballero, honnête homme und gentleman. Noch deutlicher ist der Bezug auf Rabelais' Abtei von Thelem (aus «Gargantua und Pantagruel»), deren einzige Regel: «Fay ce que voudras» dem Essayband seinen Titel gegeben hat.

Die Rezeption von *Kontrapunkt des Lebens* war überwiegend freundlich bis begeistert. Das Buch wurde ein Jahr nach seinem Erscheinen von der Literary Guild of America zum Buch des Jahres gewählt, was ihm einen gewaltigen Absatz verschaffte. Es hielt stürmischen Einzug in Frankreich und Deutschland und machte den Autor zu einer internationalen Größe. Ein maßgeblicher Kritiker nannte ihn schmeichelhaft einen zeitgenössischen Petronius, ein anderer verglich ihn mit Thackeray («Jahrmarkt der Eitelkeit»), und William Somerset Maugham ging in seinem Kurzroman «Derbe Kost» («Cakes and Ale») so weit, daß er Huxley als den künftigen «Grand Old Man» der englischen Literatur betitelte. Lawrence verhielt sich reserviert. Während er den Mut und die Wahrheitsliebe des Buchs rühmte, mißfiel ihm die in seinen Augen ungesunde Faszination der Gewalt, die es durchzieht. Auch war er mit seiner Porträtierung als Rampion nicht einverstanden, den er als langweiligen Schwadroneur empfand. In einem Brief an Lady Ottoline Morrell berichtete er im übrigen von einer zeitweiligen Entfremdung zwischen Aldous und Maria, die es als Mutter nicht verwinden konnte, daß im Roman das einzige Kind von Philip und Elinor an einer qualvollen Krankheit stirbt – ein weiteres Indiz, wie ernst die biographischen Bezüge von allen Beteiligten genommen wurden.

Das Jahr 1928 zeichnete sich in dem wenig seßhaften Leben der Huxleys durch besondere Unstetigkeit aus. Die ersten beiden Monate verbrachten sie mit Bruder Julian und Familie in Les Diablerets (Westschweiz), wo sich verspätet auch D. H. Lawrence mit Frau Frieda einfand. Hier tippte Maria das Manuskript von «Lady Chatterley», so daß die Huxleys die ersten waren, die das skandalträchtige Buch zu Gesicht bekamen. Von März bis Mai lebten sie in London, von wo aus Aldous seinen Sohn Matthew an einer Schule in Surrey anmeldete und wo er *Kontrapunkt des Lebens* fertigstellte. Die Zeit von Juni bis September verbrachten sie in Forte dei Marmi, und im Oktober bezogen sie – für die nächsten anderthalb Jahre – ein Haus in Suresne bei Paris, wo sie gesellschaftlichen Verkehr mit Pierre Drieu la Rochelle, Gabriel Marcel und James Joyce pflegten.

Auch im folgenden Jahr reisten sie, von ihrem Stützpunkt Suresne aus, von einem Ort zum andern: London, Florenz, Forte dei Marmi. Im Oktober unternahmen sie eine längere Autoreise durch Spanien, wo Huxley sich besonders von den El Greco-Bildern fasziniert zeigte, *obwohl ich sie auf eine bestimmte Weise hasse*[50].

Anfang 1930 weilte Huxley in London, um der Aufführung einer Bühnenbearbeitung von *Kontrapunkt des Lebens* beizuwohnen. Im März gaben sie in Vence unweit der Côte d'Azur ihrem Freund Lawrence das letzte Geleit, im gleichen Monat kauften sie sich ein Haus im benachbarten Sanary-sur-Mer, dem Ort, der 1933 zum Stelldichein verfemter deutscher Schriftsteller wie Thomas und Heinrich Mann, Hermann Kesten, Franz Werfel, Annette Kolb und Lion Feuchtwanger werden sollte.

Sybille Bedford, die oft bei den Huxleys zu Gast war, erinnert sich an die VILLA HULEY (der Maurer hatte beim Aufmalen des Namens das X ausgelassen) und den Tagesablauf seiner Bewohner: Nach dem Frühstück, das, weder von Post noch Zeitungen gestört, um 10 Uhr eingenommen wurde, zog sich Aldous in sein Zimmer zurück, wo er bis ungefähr

13 Uhr an seiner Reiseschreibmaschine arbeitete. Das Mittagessen, dem nicht selten ein kurzes Bad im Meer vorausging, verlief entspannt und unter angeregtem Geplauder. Oft gab es Gäste, auch der große Dichter Paul Valéry beehrte das Haus; sie waren insofern leicht zu bewirten, als die italienischen Dienstboten bei der Übersiedlung nach Frankreich mitgekommen waren. Nach Tisch ging man spazieren, oder Aldous malte – ein Hobby, das ihn Lawrence gelehrt hatte – in seinem über der Garage angebauten Atelier. Zehn Minuten für den Tee, dann ging es wieder an die Arbeit, bis etwa sieben oder halb acht Uhr. Im Durchschnitt schrieb Huxley täglich an die fünfhundert Wörter, vieles mußte er umarbeiten. Er erledigte sein Pensum mit der größten Regelmäßigkeit, auch sonntags. Das Abendessen fand stets im Kreis von Freunden statt, in einer Atmosphäre von Heiterkeit und Harmonie. Oft verführte die milde Luft zum Verweilen im Garten, wo Huxley zu vorgerückter Stunde mit seiner melodischen Stimme Lieder vortrug.[51]

Im Frühjahr 1931, in seiner neuen Bleibe an der Côte d'Azur, begann Huxley mit einem neuen größeren Buch, einem Zukunftsroman. Er gab ihm den Titel *Schöne neue Welt* (*Brave New World*) und beendete es innerhalb von vier Monaten. Es erschien im Februar 1932.

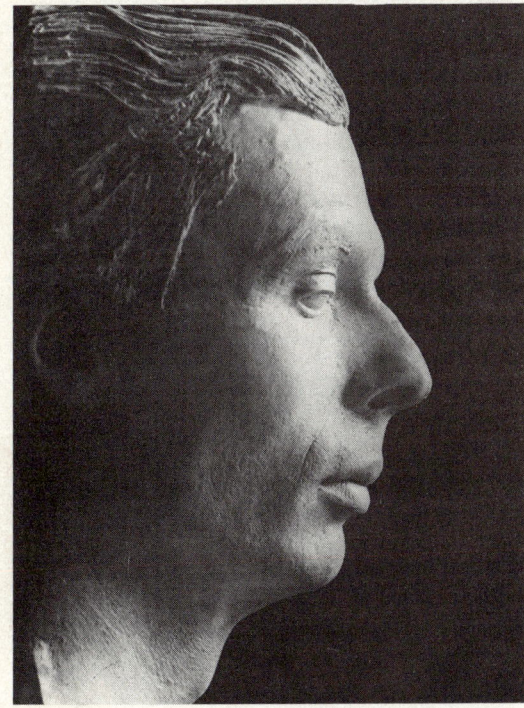

*Porträtbüste
von Paul Hamann,
um 1932*

Schöne neue Welt

Unter einer literarischen Utopie versteht man je nach Vorzeichen (positiv oder negativ) entweder ein Wunschbild, das der bestehenden Gesellschaft zur Nachahmung vorgehalten wird, oder eine Warnung, die sie von einer bereits erkennbaren Entwicklung abschrecken soll. Ihre Anfänge gehen auf Platons großen Gesellschaftsentwurf «Der Staat» (ca. 380 v. Chr.) zurück. In ihm wird ein gerechtes, dreigegliedertes Gemeinwesen konzipiert, in dem eine weise Herrscherelite regiert und in dem das Leben des einzelnen und der Gesamtheit auf ethisch-ideale Ziele ausgerichtet ist. Die stabile Wirtschaft des Staatsgebildes basiert freilich auf Sklavenarbeit, ein Makel, der den antiken Menschen als naturgegeben nicht sonderlich berührte.

Dieser inhumane Kastengeist änderte sich entscheidend erst in der Renaissance, die, vom christlichen Humanismus ergänzt, das Recht aller Menschen auf Freiheit und Würde entdeckte. In Thomas Morus' «Utopia» (1516) ist die Sklaverei im Aussterben begriffen und alle Männer und Frauen müssen ein tägliches Arbeitspensum erledigen, um den wirtschaftlichen Bestand des Staates zu sichern.

Mit dem Heraufkommen des Industriezeitalters ergaben sich völlig neue Perspektiven. Hatte man jetzt nicht Maschinen, die die Arbeit der einstigen Sklaven verrichteten und allen Bürgern mehr Sicherheit, Wohlstand und Glück ermöglichten? So dachte jedenfalls der Amerikaner Edward Bellamy, dessen 1888 erschienener Roman «Looking Backward» («Blick zurück») das unverwüstliche Vertrauen der Amerikaner in ihre Zukunft widerspiegelt.

Bald schon jedoch regte sich die Befürchtung, daß die Maschine dem Menschen nicht dienen, sondern ihn, den vermessenen Zauberlehrling, überlisten und schließlich beherrschen würde. Dieses aufkeimende Mißtrauen gegenüber den Sirenenklängen des technischen Fortschritts färbt die 1891 erschienene Sozialutopie «News From Nowhere» («Nachrichten von Nirgendwo») des englischen Dichters und Architekten William Morris. In ihr verdammt er die Uniformität und Häßlichkeit der arbeitsteiligen Massenproduktion und fordert die Rückkehr zu einer handwerklich-kreativen Arbeitsweise und einem vorindustriell-ländlichen Leben.

Sowohl Bellamy als auch Morris zeigen in ihren schwarz-weiß gefärb-

Thomas Morus.
Zeichnung von
Hans Holbein d. J.

William Morris

H. G. Wells

ten Werturteilen eine vereinfachende Naivität, die H. G. Wells (1866–1946), der fruchtbarste literarische Utopist, nicht teilte. Wells, der an der Londoner Universität bei Thomas Huxley Biologie studierte, sieht in mehreren seiner Zukunftsromane sehr wohl die von Wissenschaft und Technik ausgehenden Gefahren; aber als Mitglied der Fabian Society – einer politischen Vereinigung, die schrittweise den Sozialismus zu verwirklichen hoffte – öffnet er sich dennoch, besonders in den Romanen «A Modern Utopia» und «Men Like Gods» («Menschen Göttern gleich») der Heilsbotschaft von der besseren Zukunft und einem veredelten, von ihm als «Samurai» bezeichneten Menschen.

«Men Like Gods» (1923) war die letzte positive Utopie. Die Erschütterung des Ersten Weltkriegs, wirtschaftliche Not, politischer Extremismus und das Gespenst eines neuen Krieges waren mit weiteren Verheißungen unvereinbar.

Im Jahre 1932 mischte sich Aldous Huxley mit einer negativen Utopie in den Chor der Propheten. Warum er dies tat, warum er seinem erprobten Konversationsroman den Rücken kehrte, erklärte er 25 Jahre später: er habe H. G. Wells – den er übrigens für einen Banausen hielt und wenig schätzte (*All ends well that ends Wells*[52]) – ein bißchen ins Handwerk pfuschen wollen und sei dann ganz in den Sog seiner eigenen Ideen geraten.[53]

Aldous Huxley schrieb an dem Roman gerade zu dem Zeitpunkt, als die Weltwirtschaftskrise Deutschland in eine verheerende Massenarbeitslosigkeit stürzte und Hitler die ungeahnte Chance bescherte, die Not des Volkes in politischen Fanatismus umzumünzen. Das Wetterleuchten am europäischen Horizont war nicht zu übersehen. Dennoch ließ sich Huxley von der unmittelbar bevorstehenden Zukunft nicht beirren; sein seherischer Blick verfolgte die großen Linien, war auf eine fernere Zeit gerichtet. Es ist zu vermuten, daß ihm der USA-Aufenthalt im Jahre 1926 den ersten Denkanstoß gab. Denn dort hatte er tatsächlich eine neue Form des Zusammenlebens vorgefunden, eine hochtechnisierte Konsumgesellschaft, deren konsequent zu Ende gedachter Entwicklungsverlauf in eine *Schöne neue Welt* münden mußte.

Der Titel des Romans ist in ironischer Absicht Shakespeares «Sturm» entnommen.

«O Wunder! / Was gibts für herrliche Geschöpfe hier! / Wie schön der Mensch ist! / Schöne neue Welt, die solche Bürger trägt!» ruft dort Miranda aus, als sie nach dem Schiffbruch die Märcheninsel betritt und einer Gruppe von Einheimischen ansichtig wird. Bei Huxley ist das Märchenland ein total verwalteter Weltstaat im 7. Jahrhundert nach Ford (= 26. Jahrhundert n. Chr.[54]), in dem alles erreicht ist: Der Krieg ist für immer gebannt; Arbeitslosigkeit, Armut und Verbrechen sind überholte Begriffe; Krankheit, Einsamkeit und Angst ist der Boden entzogen; das Sterben geschieht schnell und schmerzlos.

Diese Segnungen können nur bei absoluter Stabilität der Verhältnisse aufrechterhalten werden; Wechsel und Zufall sind also ein für allemal auszuschalten, und zwar schon vor der Geburt des Menschen. Die stark arbeitsteilige Gesellschaft zerfällt in Kasten von Alpha bis Epsilon. Da die natürliche Zeugung sich weder quantitativ nach qualitativ am jeweiligen Bedarf orientiert, wird sie verboten und gesellschaftlich geächtet (Ausdrücke wie Vater, Mutter, Familie gelten als obszön). Statt dessen werden die Babies planwirtschaftlich in Brutöfen gezüchtet und biochemisch genormt: Alpha-Babies, die Führungskader von morgen, erhalten beste Ernährung und Fürsorge, während Epsilons, die zukünftigen Kulis und Roboter, durch Sauerstoffdrosselung und Klonierung zu geistiger Minderwertigkeit und Entpersönlichung verurteilt werden. Eine zusätzliche berufliche Prädestinierung (Impfung für künftige Tropenarbeiter, Umkippflaschen für spätere Raketeningenieure usw.) sorgt dafür, daß sich Angebot und Nachfrage am Arbeitsmarkt stets die Waage halten.

Diese «pränatale» Behandlung wird nach der «Abfüllung» fortgesetzt und ergänzt durch behavioristische Konditionierung à la Pawlow; so wer-

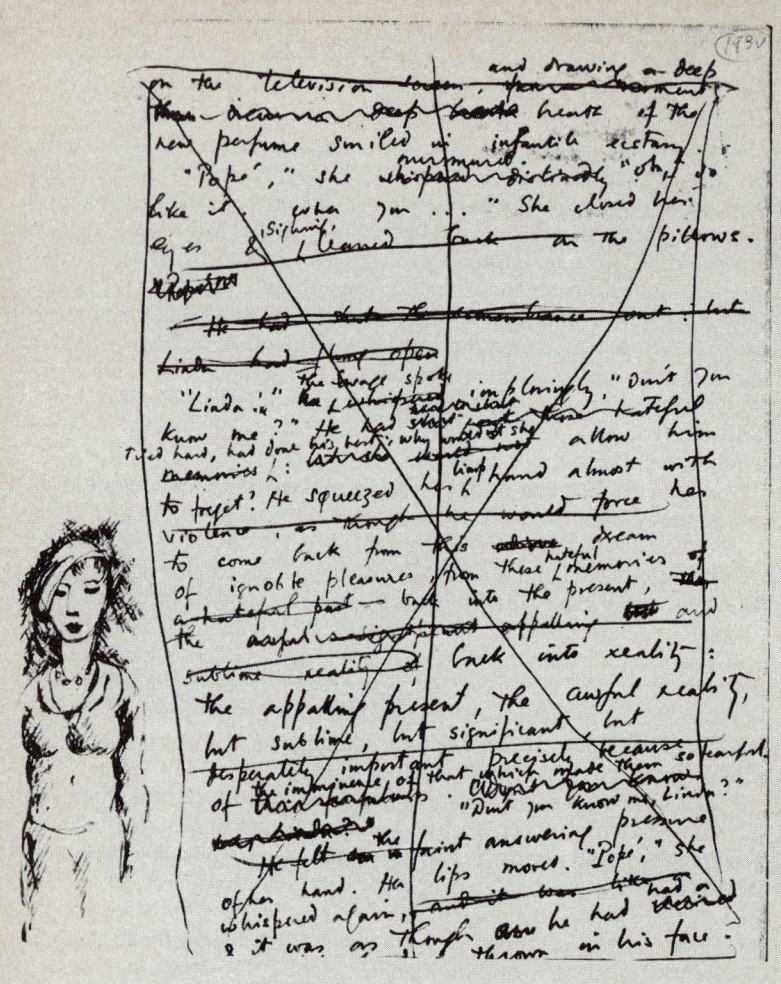

Aus dem ersten Entwurf von «Schöne neue Welt»

den zum Beispiel in Kleinkindern niedriger Kasten unausrottbare Reflexe gegen Bücher und Blumen dadurch erzeugt, daß man ihnen bei deren Vorführung Elektroschocks verabfolgt. In enger Verbindung damit steht die Hypnopädie (Schlafschule). Ihr vornehmliches Ziel besteht darin, den Kindern durch eine elektronische Flüsterstimme unter dem

Kopfkissen ihr jeweiliges Kastenbewußtsein einzuprägen, ihre soziale So-
lidarität festzuzementieren. Aber auch richtige Lernfächer stehen auf
dem Lehrplan, vom linientreuen, das heißt empfängnisverhütenden Ge-
schlechtsverkehr bis zur gesellschaftsgerechten Verbraucherhaltung,
einer Bürgertugend, die durch das ständige Einflüstern von Slogans wie
Enden ist besser als wenden oder *Je mehr Nähte desto mehr Nöte* anerzo-
gen wird.

Die beiden genannten Slogans verraten, daß man sich in einer Kon-
sum-, ja Wegwerfgesellschaft befindet. Bücher, Blumen und Naturerleb-
nisse sind für Gammas, Deltas und Epsilons tabu, aber sie taugen auch
nicht für die gehobenen Klassen, da sie billig oder zum Nulltarif zu haben
sind; die Freizeit soll möglichst kostenintensiv gestaltet werden, damit die
Wirtschaft in Gang gehalten wird. Und noch eins: Literatur und Natur

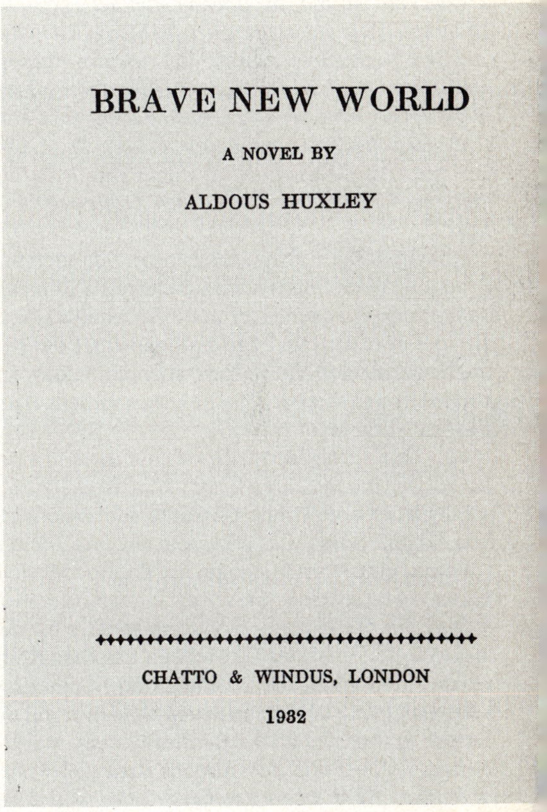

BRAVE NEW WORLD

A NOVEL BY

ALDOUS HUXLEY

++

CHATTO & WINDUS, LONDON

1932

könnten in stiller Einsamkeit oder kleinem Kreis genossen werden, was die Menschen nur auf dumme Gedanken brächte. Also wird das laute, hektische, kollektive Vergnügen gefördert. Dazu der Autor selbst: *In der schönen neuen Welt werden ununterbrochen Zerstreuungen der faszinierendsten Art... als Werkzeuge der Politik verwendet, um die Leute davon abzuhalten, den Wirklichkeiten der sozialen und politischen Lage zu viel Aufmerksamkeit zu schenken.*[55]

Alles wird in dieser Konsumwelt zur frei austauschbaren Ware, auch der Mensch. Nicht nur die familiären Beziehungen sind abgeschafft, es gibt auch keine dauerhaften Bindungen zwischen den Geschlechtern. *Jeder gehört jedem* ist das Motto allgemeiner Promiskuität. Wer dagegen verstößt, macht sich verdächtig. Tiefere Gefühle wie Liebe und Leidenschaft, aber auch Edelmut und Entsagung, würden die Stabilität des einzelnen und damit des Ganzen gefährden. *Die in «Schöne neue Welt» beschriebene Gesellschaft*, so Huxley selbst, *ist ein Weltstaat, wo der Krieg abgeschafft ist und das oberste Ziel der Herrschenden darin besteht, ihre Untertanen um jeden Preis bei der Stange zu halten. Das erreichen sie unter anderen Methoden dadurch, daß sie einen (durch Abschaffung der Familie möglich gewordenen) Grad geschlechtlicher Freiheit legalisieren, welcher die «Schöne neue Welt» gegen so gut wie jede Form destruktiver (wie auch schöpferischer) Emotionalität sichert. In «1984»* (Zukunftsroman von George Orwell) *wird die Machtgier durch Zufügung von Schmerz befriedigt; in «Schöne neue Welt» durch Zufügung kaum weniger erniedrigender Lust.*[56]

Religiöse Bedürfnisse im transzendentalen Sinn bestehen nicht, da Jugend und Wohlergehen bis zum letzten Atemzug andauern und von Gott unabhängig machen. Der neue Gott heißt *Our Ford* (statt «Our Lord»); ihm gebührt Lob und Preis, denn er hat die neue Welt erschaffen. Eintrachtsandachten mit aufpeitschender Musik, kreisendem Kelch und sexueller Hingabe aller an alle kommen dem Bedürfnis nach Liturgie und Ekstase entgegen.

So ist für alles gesorgt. *Die Menschen sind glücklich, sie kriegen, was sie begehren, und begehren nichts, was sie nicht kriegen.*[57] Und sollte hin und wieder doch eine Panne auftreten oder eine depressive Stimmung entstehen, so hilft Soma, das *Christentum ohne Tränen*.

Soma, eine Wunderdroge, um die sich Merkverschen ranken wie *«Ein Gramm versuchen ist besser als fluchen»* oder *«Ein Kubikzentimeter vertreibt zehn Miesepeter»*, ist gleich wichtig für den einzelnen und die Gemeinschaft. Sie ist das Getriebeöl, das allen Reibungsverlusten vorbeugt. Huxley selbst faßt die Wirkung und Bedeutung von Soma wie folgt zusammen: *In der «Schönen neuen Welt» war das Somanehmen kein privates Laster; es war eine politische Einrichtung, es war geradezu die Essenz von Leben, Freiheit und dem Streben nach Glück, gewährleistet durch die Bill of Rights. Aber dieses kostbarste aller unabdingbaren Rechte des Staats-*

bürgers war gleichzeitig eins der mächtigsten Beherrschungsmittel im Arsenal des Diktators. Das systematische Betäuben des einzelnen zum Wohl des Staats (und nebenbei natürlich zu seinem eigenen Genuß) war ein Kernstück in der Politik der Weltaufsichtsräte. Die tägliche Somadosis war eine Versicherung gegen persönliche Anpassungsschwierigkeiten, soziale Unruhe und die Verbreitung umstürzlerischer Ideen. Religion, so erklärte Marx, sei Opium fürs Volk. In der «Schönen neuen Welt» war es umgekehrt. Opium, oder vielmehr Soma, war die Religion des Volkes.[58]

Soma wird als Tagesration an die unteren Klassen ausgegeben, die damit süchtig gemacht und jeder Chance beraubt werden, an äußeren oder inneren Widerständen zu wachsen und zu reifen. Jedes Ungemach soll sofort beseitigt, jedes Bedürfnis sofort gestillt werden, damit keine Frustration entsteht. *Was dir heute Freude macht, das verschieb nicht über Nacht*, so hallt es in den Ohren aus fernen Kindertagen, und der bezeichnende Soma-Slogan: *Was and will make me ill; I take a gramme and only am* besagt, daß Vergangenheit und Zukunft aus dem Bewußtsein getilgt werden sollen und nur noch das Hier und Heute zählt. In Worten, die an das Neue Testament anklingen, wird von Ford, dem Herrn, erzählt, wie er während seines Erdenwallens die Kindlein liebte. Seitdem ist Infantilität Bürgerrecht und Bürgerpflicht zugleich, auch für die höheren Kasten, deren Konditionierung einen breiteren psychologischen Spielraum zuließe: *Es ist Alphapflicht, infantil zu sein, auch gegen die eigene Neigung.*[59]

Im Sinne des Stabilitätsgedankens versteht es sich von selbst, daß die Naturwissenschaften keinen Freibrief auf freies Forschen besitzen. Denn neue Erkenntnisse könnten ja den gegenwärtigen Zustand in Frage stellen, die Stabilität erschüttern: *Wissenschaft ist gefährlich; wir müssen ihr Kette und Maulkorb anlegen.* Die Wissenschaft in der *«Schönen neuen Welt»* ist eine rein angewandte, sie ist *ein Kochbuch... dessen strenge Lehre niemand anzweifeln und dessen Rezepten nur mit Erlaubnis des Küchenchefs etwas hinzugefügt werden darf*[60].

Wo soll ein unter solchen Lemuren angesiedelter Roman die nötige Handlung hernehmen, die einen Konflikt zwischen individualisierten Handlungsträgern voraussetzt? Die Lösung dieser Frage ist nicht neu: Sie muß von einem Fremden in Gang gebracht werden, den die bestehenden Verhältnisse verwundern, das heißt eben: be-fremden. Nach diesem in Voltaires Kurzromanen mehrfach vorexerzierten Rezept – auch Candide glaubt übrigens an die «beste aller Welten» – führt Huxley die Hauptperson ein, und zwar aus einer Indianerreservation in New Mexico, die als Museum für Alter und Krankheit, Ehe und Familie, Religion und Aberglaube Angehörigen der oberen Kasten offensteht. John the Savage (= der Wilde) ist zwanzig Jahre zuvor infolge einer Verhütungspanne als Sohn eines Besucherpaars zur Welt gekommen und hat seitdem mit seiner Mutter, die durch einen unglücklichen Zufall als verschollen in der Reservation zurückblieb, unter den Wilden gelebt. John ist in einem denkbar ungünstigen Milieu aufgewachsen: dem eigenen Vater fern und fremd, von der Mutter zugleich als Sohn geliebt und als Schandfleck gehaßt, von den Wilden als «Weißhaar» und «Hurensohn» ausgeschlossen und diskriminiert. Der dunkelhäutige Liebhaber seiner Mutter wird für ihn zu einer Vaterfigur, die ihn mit Haß und Eifersucht erfüllt, die daraus erwachsenden ödipalen Schuldgefühle wecken in ihm das Bedürfnis nach einem Über-Ich, das all seine drängenden Fragen beantwortet. Als ihm der Zufall eine uralte, vergilbte Shakespeare-Ausgabe in die Hände spielt, glaubt er, den Stein des Weisen gefunden zu haben. Ähnlich wie Denis Stone (*Eine Gesellschaft auf dem Lande*) die wirkliche Welt in das Prokrustesbett seiner Leseerfahrungen zwingen will, so betritt John, mit seinem Shakespeare-Buch unter dem Arm, erwartungsvoll die neue Welt: die Katastrophe ist vorprogrammiert.

Aus alldem geht hervor, daß John nicht etwa Huxleys Sprachrohr ist, wenn dieser die beiden Welten einander gegenüberstellt. Um so mehr als Johns Widerpart und Apologet der neuen Welt die zweifellos eindrucksvollste Figur des ganzen Buches ist: Mustapha Mond, einer der zehn Weltaufsichtsräte.

Mustapha Mond verfügt nicht nur über ungeheure Macht, sondern auch über die Eigenschaften, diese Macht mit Konsequenz und, wenn auch pervertierter, Weisheit und Humanität auszuüben. Als urbaner, überaus fairer Gesprächspartner ist er John weit überlegen, zumal er nicht nur die Wertordnung der neuen Welt einleuchtend darzustellen weiß, sondern als intimer Kenner von Kunst, Philosophie und Religion – für ihn gilt kein Index – auch die alten Werte gelten läßt. Als junger Alpha-plus hat er sich, vor die Wahl gestellt, seinen naturwissenschaftlichen Neigungen nachzugeben oder unter Verzicht darauf dem Glück der größten Zahl zu dienen, für letzteres entschieden, was wiederum für ihn einnimmt und ihn fast sympathisch macht.

In einer von beiden glanzvoll geführten Debatte gelingt es ihm, John mit strenger Logik und sanftem Spott in die Enge zu treiben; dieser läßt sich freilich von seiner heroischen Weltanschauung, die auch die Schattenseiten des Lebens bejaht, nicht abbringen:

«Aber ich liebe die Unannehmlichkeiten.»

«Wir nicht!» versetzte der Aufsichtsrat. *«Uns sind die Bequemlichkeiten lieber!»*

«Ich brauche keine Bequemlichkeiten. Ich will Gott, ich will Poesie, ich will wirkliche Gefahren und Freiheit und Tugend. Ich will Sünde.»

«Kurzum», sagte Mustapha Mond, *«Sie fordern das Recht auf Unglück.»*

«Jawohl», erwiderte der Wilde trotzig, *«ich fordere das Recht auf Unglück.»*

«Ganz zu schweigen von dem Recht auf Alter, Häßlichkeit und Impotenz, dem Recht auf Syphilis und Krebs, dem Recht auf Hunger und Läuse,

dem Recht auf ständige Furcht vor dem Morgen, dem Recht auf unsägliche Schmerzen jeder Art?»

Langes Schweigen.

«Alle diese Rechte fordere ich», stieß der Wilde endlich hervor.

Mustapha Mond zuckte die Achseln und sagte: «Wohl bekomm's.» [61]

Dieses Wortgefecht thematisiert Dostojevskijs Legende vom Großinquisitor aus «Die Brüder Karamasov», auf die Huxley übrigens im letzten, *Was läßt sich tun* überschriebenen Kapitel von *Dreißig Jahre danach* ausdrücklich zu sprechen kommt: Christus kehrt zur Erde zurück, doch seine eigene Kirche, die die «Freiheit des Christenmenschen» abgeschafft und dafür die Pflege für sein leibliches und geistiges Wohl übernommen hat, behandelt ihn als subversives Element. In seiner meisterhaften Orchestrierung erinnert der Dialog aber auch an das Streitgespräch zwischen Kreon und Antigone in Anouilhs Gestaltung des Antigone-Themas: Hier wie dort der unversöhnliche Gegensatz zwischen der Macht mit ihrer Staatsräson, Kompromißbereitschaft, «Vernunft» und dem Individuum mit seiner prinzipiellen Verweigerung und seiner Verachtung des «kleinen Glücks».

John und Mustapha Mond genügen als Handlungsträger natürlich nicht, zumal die Figur des Weltaufsichtsrats eigentlich nur dazu da ist, am Schluß ein zusammenfassendes Punkt-für-Punkt-Plädoyer für die neue Gesellschaft abzugeben. John ist also auf weitere Mitakteure angewiesen, die sich in Ermangelung eines Besseren aus der dumpf dämmernden Menschenherde rekrutieren. Johns weiblichen Gegenpart zu finden, verursachte nicht viel Kopfzerbrechen, da Lenina Crowe als «pneumatisches» [62] Mädchen nur insofern Individualität aufweist, als sie sich zu heftig und lang zu verlieben pflegt. (Trotz dieser Rückständigkeit ist die Kluft zwischen der seichten Vergnügungssucht des Mädchens und der unerbittlichen Sittenstrenge des Wilden so hoffnungslos unüberbrückbar, daß das Wechselbad heftiger sexueller Anziehung und triebhemmender Abscheu den jungen Mann immer weiter in die Katastrophe treibt.) Zwei andere Neue-Welt-Bürger, die als Alphas noch einen Rest von Denk- und Handlungsfähigkeit haben, bereichern dagegen das soziologische Spektrum um seltenere Farbtöne. Im Fall von Bernard Marx und Helmholtz Watson genügt dieser Rest, um sie zu – wenn auch relativ zahmen – Systemgegnern werden zu lassen. Bernard ist durch einen Brutdefekt – er ist körperlich unter dem Alpha-Maß und liebt außerdem die Einsamkeit – zum Außenseiter gestempelt; er opponiert nur aus dem Bewußtsein seiner eigenen Unzulänglichkeit und mit der Faust in der Tasche. Bei Helmholtz verhält es sich genau umgekehrt: Er hat ein Zuviel an Kraft, Begabung und persönlicher Ausstrahlung abgekriegt. Als erstklassiger Gefühlsingenieur und Propagandist erfindet er Slogans, schreibt Filmdrehbücher und doziert an der Hochschule. Doch das alles läßt ihn seltsam unbefriedigt: *«Hast du jemals», fragte er, bedächtig Wort an Wort fügend, «hast du je-*

mals ein Gefühl gehabt, als hättest du etwas in deinem Innern, das nur auf eine Gelegenheit wartet, hervorzubrechen? Eine Art überschüssige, ungenutzte Kraft, etwas wie das Wasser, das über die Felsen herabstürzt, statt Turbinen zu treiben! ... Ich meine ... daß mich manchmal das seltsame Gefühl beschleicht, als hätte ich etwas Wichtiges zu sagen und besäße auch die Kraft dazu – nur weiß ich nicht, was es ist, und so kann ich die Kraft nicht verwerten. Wenn man nur anders schreiben könnte ... oder etwas anderes ...» [63]

Das Inselexil, in das man ihn, gnädig wie die Strafjustiz in der neuen Welt ist, schicken wird, schreckt ihn nicht. Im Gegenteil, er freut sich darauf, seine eigenen Gedanken zu denken, seine eigenen Bücher zu schreiben, vielleicht sogar seinen eigenen Gott zu erfinden.

Zweimal in der Folgezeit hat Huxley zu seinem erfolgreichsten Buch schriftlich Stellung genommen. Im Vorwort zur Neuauflage von 1946 wundert er sich, wie er die Kernspaltung, die damals schon in aller Munde gewesen sei, außer acht lassen konnte. Trotzdem glaubt er weiterhin, daß sich die entscheidenden Umwälzungen eher auf dem Gebiet der Biologie und Psychologie vollziehen werden. Die wirtschaftliche Nutzung der Atomenergie berge allerdings eine so große gesellschaftliche Dynamik, daß zu deren Kontrolle alle betroffenen Regierungen sich mehr oder weniger totalitär entwickeln würden (eine Befürchtung, die der bekannte Futurologe Robert Jungk in seinem Buch «Der Atomstaat» [1977] empirisch rechtfertigen und konkret begründen wird). Und weiter grübelt Huxley sorgenvoll in die atomare Zukunft hinein: *Nur eine ganz große, auf Dezentralisierung und Selbsthilfe gerichtete Volksbewegung könnte den gegenwärtigen Zug zur Staatsallmacht aufhalten. Im Augenblick ist kein Anzeichen erkennbar, daß es zu einer solchen Bewegung kommen wird.* [64]

Im Jahre 1959 erschien die schon mehrmals zitierte Essaysammlung *Schöne neue Welt. Dreißig Jahre danach* (*Brave New World Revisited*), in der Huxley die inzwischen abgelaufene Zeit unter die Lupe nimmt, sich aber nur zu leichten Korrekturen seiner Erstprognosen veranlaßt fühlt. Er deutet besonders auf das Menetekel der Überbevölkerung hin, vor der seine *Schöne neue Welt* mit ihrer demographischen Planwirtschaft freilich gefeit war. Bevölkerungsdruck bereite über den Umweg der Wirtschaftskrise unweigerlich den Boden für autokratische Regierungsformen, ebenso wie der durch Wissenschaft und Humanität ermöglichte Verfall eugenischer Normen zu mehr und mehr staatlicher Hege und Herrschaft führe. Sodann wendet sich Huxley gegen die Überorganisation der Gesellschaft und die Entmündigung des Menschen durch verdummende Werbung, Gehirnwäsche und die neue Technik der unterschwelligen Beeinflussung. Seine Ausführungen enden mit einem Aufruf an die Jugend: *Mittlerweile verbleibt noch immer ein bißchen Freiheit in der Welt. Viele junge Leute scheinen allerdings die Freiheit nicht sonderlich zu schätzen.*

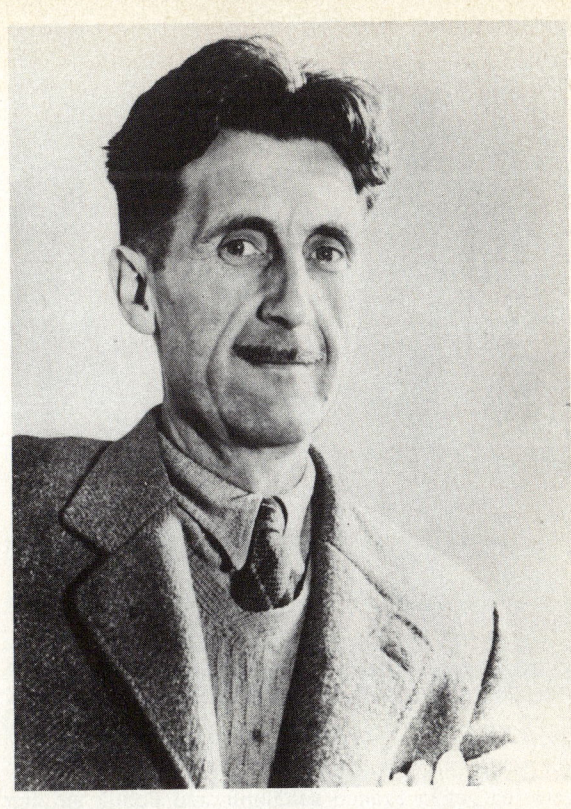

George Orwell

Demgegenüber glauben einige von uns noch immer, daß ohne Freiheit die Menschen nicht völlig menschlich werden können und daß die Freiheit daher von höchstem Wert ist. Vielleicht sind die Mächte, die heute die Freiheit bedrohen, zu stark, als daß man ihnen lange widerstehen könnte. Es ist dennoch unsere Pflicht, alles, was in unseren Kräften steht, zu tun, um ihnen Widerstand zu leisten.[65]

Im Jahre 1948 erschütterte eine andere Zukunftsutopie das durch den Zweiten Weltkrieg stark lädierte Selbstbewußtsein der zivilisierten Welt: George Orwells «1984». Während Huxley in der einschmeichelnden Versklavung durch Massenkonsum die Gefahr der Zukunft sieht, steht Orwell noch ganz unter dem Schock des Durchlebten und Durchlittenen und befürchtet, daß sich ganze Gesellschaften in Konzentrationslager oder Gulags verwandeln könnten. Abgesehen vom zeitlichen Abstand ihrer Analysen trennt die beiden jedoch ihr philosophisches Temperament. Orwell war ein leidenschaftlich politischer Mensch, der im Spanischen Bür-

Bertrand Russell

gerkrieg gegen Franco gekämpft und Politik am eigenen Leib erlebt hatte. Huxley dagegen sah alles kühler, distanzierter. Sein primäres Interesse galt der Naturwissenschaft, deren gewaltige Wirkungen auf Politik und Gesellschaft er wie kein anderer durchschaute. In einem Brief an Orwell vom 21. Oktober 1949 schreibt er: *Ich glaube, daß innerhalb der nächsten Generation die Herrscher der Welt erkennen werden, daß Kinderkonditionierung und Narko-Hypnose wirkungsvollere Mittel der Machtausübung sind als Knüppel und Kerker und daß sich Machthunger ebenso gut stillen läßt, wenn man den Menschen einsuggeriert, ihre Knechtschaft zu lieben, wie wenn man sie mit Stiefel und Peitsche zum Gehorsam zwingt. Mit anderen Worten, ich habe das Gefühl, daß der Alptraum «1984» zwangsläufig in den Alptraum von einer Welt übergehen wird, die mehr meinen Vorstellungen in «Brave New World» entspricht.*[66]

Schöne neue Welt wurde von Kritik und Publikum unterschiedlich aufgenommen. Auffallend oft wurde die Meinung vertreten, daß der Autor sich «einen kleinen Scherz» erlaubt habe, daß seine Utopie «keine Bedrohung der Zukunft» darstelle und ihre Bewohner «völlig unmögliche Wesen» seien. Hellhörige Leser dachten anders. So zählte Rebecca West den Roman zu dem Halbdutzend wirklich bedeutender Bücher, die seit dem Krieg erschienen waren, und Bertrand Russell, aus dessen Werk «Das naturwissenschaftliche Zeitalter» («The Scientific Outlook») Huxley massive Entlehnungen vorgenommen hatte, äußerte die Befürchtung, daß «ungeachtet der Tatsache, daß Mr. Huxleys Prophezeiung als Ausgeburt seiner Phantasie zu verstehen ist, sie nur allzu wahrscheinlich in Erfüllung gehen wird»[67].

Das Buch verkaufte sich von Anfang an gut, auch in den USA, wo es einiges Befremden auslöste. Es wurde nach und nach in rund zwanzig Sprachen übersetzt. Bemerkenswert ist, daß es nicht nur ein Bestseller, sondern mit noch größerem Recht ein Longseller genannt werden kann; denn die Verkaufsziffern sind in den letzten Jahren lawinenartig angewachsen, was zweifellos mit der inzwischen erfolgten Erfüllung zahlreicher Prognosen erklärt werden kann. Gleich ob von sexueller Emanzipation, Samenbanken, Retortenbabies, Gentechnologie, Drogenmißbrauch und Sterbehilfe die Rede ist, überall drängen sich passende oder unpassende Assoziationen auf. *Brave New World* ist zu einem geflügelten Wort geworden.

Aldous Huxley hat in seiner Zukunftsutopie das alte Leitmotiv vom Gegensatz zwischen Freiheit und Glück, Geist und Materie, verabsolutiert und gleichzeitig ad absurdum geführt. Dazu äußert er sich im Vorwort zur Neuausgabe von 1946: *Zur Zeit als das Buch verfaßt wurde, war der Gedanke, daß den Menschen Willensfreiheit gegeben sei, damit sie zwischen Wahnsinn einerseits und Irrsinn andererseits wählen, etwas, das ich belustigend fand und für durchaus plausibel hielt.*[68]

Aldous Huxley hat also nicht nur dem Samurai eines Wells, sondern auch dem edlen Wilden seines Freundes Lawrence den Garaus gemacht. Der Traum vom integralen Menschen ist ausgeträumt. Im Niemandsland zwischen entmenschlichendem Fortschritt und barbarischer Tradition ist er mehr denn je von der *human vomedy* überzeugt, aber auch mehr denn je bereit, nicht wie bisher nur skeptisch zu wägen, sondern auch engagiert zu wagen.

Die Wende

Ein Jahr nach Erscheinen von *Schöne neue Welt* befanden sich die Huxleys wieder auf einer mehrmonatigen Reise, diesmal nach Venezuela, Guatemala und Mexiko.

Inzwischen schrieb man das Jahr 1933, Hitler hatte in Deutschland die Macht ergriffen, und Zentralamerika mit seinen fieberhaft erregten Nationalismen war für Huxley ein *außer Rand und Band geratenes Miniatureuropa... ein ideales Laboratorium, in dem man das Verhalten der Großmächte studieren konnte*[69].

Das Jahr 1934 brachte, abgesehen davon, daß Huxley seinen nächsten großen Roman in Angriff nahm, eine wichtige familiäre Veränderung. Die Huxleys zogen, ohne Sanary aufzugeben, nach London und mieteten sich im Dezember im Albany, Piccadilly, Nr. E_2 ein. Albany ist ein 1803 gegründeter Wohnkomplex in zentraler Lage, jedem Straßenverkehr entrückt und damals an den beiden Eingängen von Pförtnern in Uniform und Zylinder bewacht. Nur echte Gentlemen, die mit Geld und Geschäften nichts zu tun hatten, durften hier wohnen; Haustiere, Kinder und Musikinstrumente waren ausgeschlossen, Ehefrauen erst seit den frühen zwanziger Jahren dieses Jahrhunderts zugelassen. Kurzum, ein Kuriosum, wie man es nur in England findet.

In dieser stillen Inselatmosphäre empfingen die Huxleys ihre alten Freunde: Bertrand Russell, T. S. Eliot, Lady Ottoline Morrell und Kenneth Clark, den bekannten Kunsthistoriker und Direktor der Londoner Nationalgalerie. Die engste Freundschaft jedoch verband sie mit einem Mann, dem Huxley zum erstenmal im Januar 1929 begegnet war, als er zur Unterzeichnung seines dritten Vertrags mit Chatto & Windus nach London reiste. Er hieß Gerald Heard, war Journalist, sprach im Rundfunk und schrieb Bücher über die verschiedensten Dinge, von Religionsphilosophie und Meditation bis zu Hypnose und Parapsychologie. Durch seine quecksilbrige Lebendigkeit und glänzende Unterhaltungsgabe gelang es ihm, bei Huxley die Lücke auszufüllen, die Lawrences Tod hinterlassen hatte. Und er kam gerade zu dem Zeitpunkt, als Huxley sich in einem geistigen Wandlungsprozeß befand und dringend eines verständnisvollen Zuhörers und Bezugspartners bedurfte. Gerald Heard war es auch, der Huxleys latentem Hang zum Pazifismus zum Durchbruch ver-

Mit Gerald Heard, 1937

half und ihn dazu brachte, seine Scheu vor öffentlichem Auftreten zu überwinden.

Noch im Jahr 1934 hielt Huxley einen Vortrag bei der britischen Rundfunkgesellschaft BBC, die unter dem Eindruck von Hitlers Machtübernahme eine Vortragsreihe unter dem Titel «Die Ursachen des Krieges» sendete und außer Huxley Männer wie Winston Churchill, den Presselord Beaverbrook und den Dekan von Paul's W. R. Inge zu Wort kommen ließ. Huxley stellte sich auf den Standpunkt, daß die Kriegsursachen vor-

*Zeichnung von Eva Herrmann in der antifaschistischen Zeitschrift «Die Samm-
lung», unter dem Patronat von André Gide, Aldous Huxley, Heinrich Mann herausgegeben von Klaus Mann, 1935*

wiegend psychologischer Natur seien. *Kriege werden nicht zwischen Kli-
mazonen und auch nicht zwischen politischen und wirtschaftlichen Syste-
men geführt, sondern zwischen Menschen.*[70]
   Mitte 1935 nahm Huxley am «Internationalen Kongreß zur Verteidi-
gung der Kultur» teil, zu dem so illustre Persönlichkeiten wie André
Gide, J. B. Priestley und Heinrich Mann nach Paris geladen hatten. Es
war die erste große gemeinsame Manifestation der Literaturschaffenden

aus fünfzehn Ländern gegen den Faschismus. Huxley kam ernüchtert und enttäuscht zurück, da *die Sache sich als eine Reihe öffentlicher Versammlungen herausstellte, die von den kommunistischen Schriftstellern Frankreichs zu ihrer Selbstbeweihräucherung und von den Russen als Mittel der Sowjetpropaganda organisiert wurden*[71]. Er habe bei den Teilnehmern, so fuhr er fort, die schlimmsten, sonst nur im religiösen Bereich auftretenden Fehlhaltungen feststellen müssen: bequemen Denkverzicht bei den einen, die sich in den Trost des Glaubens flüchten, und zynische Geltungssucht bei den anderen, die an gar nichts glauben.

Im Spätherbst desselben Jahres machte Gerald Heard seinen Freund mit dem charismatischen Pazifisten Dick Sheppard, Kanonikus von St. Martin-in-the-Fields, bekannt, der kurz zuvor die «Peace Pledge Union» (Friedensverpflichtungsunion) ins Leben gerufen hatte. Dick Sheppard hatte im Krieg das Grauen der Materialschlachten erlebt und war zu der Überzeugung gelangt, daß Christentum und Krieg unvereinbar seien. Im Oktober 1934 hatte er in der Presse zu einer gewaltigen Postkartenaktion aufgerufen, aus der sich die Friedensbewegung herauskristallisierte. Seine Rezepte waren einfach, radikal, verbohrt, alles was Huxley zutiefst wesensfremd war. Trotzdem machte Huxley mit. Am 27. November 1935 – kurz zuvor hatte Mussolini Abessinien überfallen – sprach er auf der zweiten Massenversammlung der Bewegung in der Albert Hall. In einem unmittelbar darauffolgenden Vortrag über *Friede und Internationalismus* bekannte er: *Unser Ziel ist der Frieden. Wie beabsichtigen wir, dieses Ziel zu erreichen? . . . Wenn wir wollen, daß uns andere mit Vertrauen und Sympathie begegnen, müssen auch wir ihnen Vertrauen und Sympathie entgegenbringen . . .*[72]

Diese Gedanken fanden ihren Niederschlag in der 1936 erschienenen Schrift *What Are You Going to Do About It?* (*Was ist zu tun?*). In ihr weist Huxley nach, daß der Mensch kein Raubtier sei, widerlegt die Theorie, der Krieg begünstige das Überleben der Tüchtigsten, und warnt davor, daß, wenn einmal der Krieg ausgebrochen sei, der Pazifismus ihm nicht mehr Einhalt gebieten könne. Er rühmt den kämpferischen Pazifismus eines William Penn und Gandhi, zitiert den passiven Widerstand der Deutschen während der französischen Rheinlandbesetzung im Jahre 1923 als nachahmenswertes Beispiel und gibt dem Versailler Vertrag ein gerütteltes Maß von Schuld am gegenwärtigen Unfrieden. Sein Vorschlag richtet sich an die Siegermächte des Ersten Weltkriegs: *Die großen Monopolmächte sollten alsbald eine Konferenz einberufen, auf der die unzufriedenen Mächte, ob groß oder klein, aufgefordert werden, ihre Beschwerden und Ansprüche vorzutragen. Ist dies einmal geschehen, so wäre es, Intelligenz und guter Wille vorausgesetzt, möglich, einen Plan für territoriale, wirtschaftliche und finanzielle Neuregelungen auszuarbeiten.*[73]

Diese Thesen wirken aus heutiger Sicht merkwürdig welt- und wirklichkeitsfremd. Ähnlich war ihre Wirkung auch auf zahlreiche Zeitgenossen, besonders im linken Lager, wo man Huxley seine Nachgiebigkeit gegenüber dem faschistischen Feind wie auch seine herkunfts- und milieubedingte Distanz zum werktätigen Volk verübelte. So fühlte sich Huxley zum Beispiel bemüßigt, sich in einem Brief vom 2. März 1936 gegen die Kritik des linksgerichteten Publizisten Leonard Woolf (Ehemann von Virginia Woolf) zur Wehr zu setzen: *Lieber Leonard, danke für das Pamphlet. Ich glaube, Sie definieren den pazifistischen Standpunkt unzutreffend. Der Pazifist steckt nicht den Kopf in den Sand und sagt, er wolle «mit dem Übel nichts zu tun haben». Er prüft das Übel und fragt sich nach der besten Methode, ihm beizukommen. Die Erfahrung gibt darauf eine klare Antwort: Die schlechteste Methode, ein Übel anzugehen, ist die Anzettelung oder Androhung neuen Übels. Kriegsdrohungen halten die Menschen nicht davon ab, Aggressionen zu verüben – sie spornen sie nur an, sie besser vorzubereiten... Der andere, der pazifistische Weg führt nicht unbedingt zum Ziel; vielleicht tut er es aber doch. Und wenn nur ein Teilerfolg herauskäme, so würde das die Atmosphäre entschärfen und Gelegenheit dazu bieten, den Völkerbund auf einer besseren Grundlage neu aufzubauen.*[74]

Aldous Huxleys politisches Credo aus dieser Zeit entstammte in erster Linie der kühnen Unkonventionalität seines Denkens, das keine geschlossenen Systeme mit angeblich unumstürzlichen Gesetzen und geheiligten Kanons anerkannte. Als naturwissenschaftlich außergewöhnlich interessierter und gebildeter Mann, dem Experiment, Spekulation und Hypothetik zur zweiten Natur geworden waren, weigerte er sich, scholastisch erstarrte Formeln ungeprüft zu übernehmen. In zweiter Linie war dieses Credo wohl auch ein Ausfluß seiner immer wieder bezeugten Güte und Menschlichkeit: «È tanto buono» pflegte eine Florentiner Hausangestellte ihn zu rühmen[75]; und der gleiche Leonard Woolf, der ihm Verblendung und Verblasenheit vorwarf, berichtet, daß er sehr wohl auch gezielt und pragmatisch gegen Unrecht und Gleichgültigkeit vom Leder ziehen konnte: «In den gräßlichen Jahren vor dem Kriegsausbruch von 1939, als Hitler mit der Liquidierung der Juden begonnen hatte, gab es mehrere Fälle, daß Engländer deutsche Jüdinnen nur zu dem Zweck heirateten, ihnen die britische Staatsbürgerschaft zu verschaffen und sie so davor zu bewahren, nach Deutschland zurückgeschickt zu werden. In einem dieser Fälle wurde bekannt, daß das britische Außenamt Schritte unternahm, die Heirat zu verhindern. Aldous und sein Bruder Julian begannen eine Kampagne gegen diesen, wie es schien, barbarischen Übergriff oder Mißbrauch der Amtsgewalt... Die Amtsgewalt wurde besiegt; die Heirat fand statt. Und wir alle, einschließlich des Brautpaares, kamen, uns sehr erleichtert fühlend, zu einer merkwürdigen, stillen Hochzeitsfeier ins Albany.»[76]

Diese Lauterkeit seines Wesens und sein letztlich doch obsiegender Wunschglaube an die menschliche Vernunft hinderten ihn daran, die

Leonard und Virginia Woolf

Skrupellosigkeit der politisch Verantwortlichen und die Dummheit der verführten Massen richtig einzuschätzen. Die Kritik gegen ihn schwoll an und erreichte ihren Höhepunkt, als er im Februar 1938 den Entschluß bekanntgab, zusammen mit seiner Familie und Gerald Heard von einer Reise nach Amerika nicht zurückzukehren. Es war zu erwarten, daß dieser Schritt, ironisch auf *What Are You Going to Do About It?* gemünzt, Wasser auf die Mühlen seiner Gegner führen und seine ehrlichen Überzeugungen in den Augen vieler in Frage stellen mußte.

Ende 1935 hatte Huxley durch Gerald Heard einen Mann kennengelernt, dem er einen entscheidenden Einfluß auf sein Leben verdankte. Es war F. Matthias Alexander, ein australischer Physiologe und Philosoph,

65

der in einem Buch mit dem bezeichnenden Titel «The Use of the Self» (1932) folgende Gedanken entwickelt: Der homo faber hat seine höhere Entwicklung mit der Verkümmerung seiner Instinkte und der Degeneration seiner physischen Organe bezahlt. Das harmonische Zusammenspiel seiner Kräfte ist gestört. Die Folge sind Muskelverspannungen und Verkrampfungen, die den Bewegungsablauf des Körpers hemmen, aber auch die geistig-seelischen Funktionen beeinträchtigen. Alexander empfiehlt, falsche Körperhaltungen oder fehlerhafte Reflexe durch genaue Analyse bewußt zu machen und sie durch eine «kinästhetische» Umschulung zu berichtigen. Die Aufmerksamkeit des Übenden darf dabei nicht auf das große Ziel gerichtet sein, sondern auf die kleinen und unscheinbaren Mittel, die zu seiner Erreichung ins Werk gesetzt werden.

Aldous Huxley, der schon seit längerer Zeit in einer psychosomatischen Krise steckte, war von diesen Gedankengängen beeindruckt und wurde Alexanders Schüler. Daneben betrieb er unter Anleitung von Gerald Heard Atem- und Meditationsübungen und ließ sich – auf Alexanders Empfehlung – von einem Dr. McDonagh mit Darmspülungen und Diät behandeln, um den Körper zu entgiften. Die Therapie war offenbar erfolgreich, denn in einem Brief vom 19. März 1936 schreibt er: *Die Schlaflosigkeit ist verschwunden, ebenso das Gefühl der Abgespanntheit. Blutdruck und Blutbild haben sich normalisiert. Symptome der Asthenie wie Nervosität, Unentschlossenheit, Phobien sind wie fortgeblasen. Zwei Ekzeme, die seit Jahren bestanden, sind in Auflösung begriffen. Die Gesichtsfarbe, die vorher außerordentlich fahl war, ist ziemlich normal. Der mehr oder weniger chronische Katarrh ist weg. Die Behandlung kann keinen Schaden anrichten, andererseits jedoch so viel Gutes bewirken, daß ich sie jedermann empfehlen möchte. Ihr großes Verdienst liegt darin, daß sie auf die Wurzel der Krankheit und nicht auf ihre Symptome abzielt. Letztere können ganz getrennt voneinander auftreten. So gibt es zum Beispiel keine offensichtliche Verbindung zwischen Ekzemen, Schlaflosigkeit und Katarrh, aber sie sind, wie meine Erfahrung zeigt, eng miteinander verbunden und verschwinden, sobald der Herd der Vergiftung verschwindet. Die Schulmedizin hingegen bekämpft jedes Symptom für sich – was mit anderen Worten heißt: Salben gegen Ekzeme, Tabletten gegen Schlaflosigkeit, Sprays und Operationen gegen Katarrh.*[77]

Es ist nicht verwunderlich, daß Huxley, dessen ganzes Weltbild auf Ganzheit und Einheit ausgerichtet war, auch der Ganzheitsmedizin das Wort redete, die sich um diese Zeit von der kausalanalytisch orientierten Methode des 19. Jahrhunderts loszusagen begann. Gleichzeitig aber sah er über den Tellerrand des Eigeninteresses hinaus: Die physisch-psychische Gesundung des Einzelmenschen war in seinen Augen die Voraussetzung für die Veredelung des Ganzen, das heißt der erste Schritt zu einem friedlicheren und sittlicheren Zusammenleben der Menschen, Gesellschaftsklassen und Völker. Dies war auch der Grund, warum er seine guten Erfahrungen auf diesem Gebiet nicht nur in seinem umfangreichen Briefwechsel, sondern auch in zahlreichen Essays und Vorträgen bekannt machte und anpries.

Aldous Huxleys leidenschaftliches Eintreten für Frieden und Völkerverständigung, sein öffentliches Engagement in den Reihen einer Volksbewegung, mußte viele seiner Leser überraschen, die ihn als ätzenden Spötter und pietätlosen Skeptiker kennen und schätzen gelernt hatten. Wenn auch manch schriller Ton aus seinem Frühwerk darauf schließen ließ, daß sich der Autor in dieser Pose gar nicht so wohl gefühlt hatte, so erregte sein nächster Roman, der 1936 unter dem Titel *Geblendet in Gaza* (*Eyeless in Gaza*) erschien, dennoch außerordentliches Aufsehen, machte er doch deutlich, wie radikal Huxley als Mensch mit seiner Vergangenheit gebrochen hatte. Der Titel entstammt Miltons Versepos «Samson Agonistes», das von Samsons schmählichem Fall und seiner Läuterung durch befreiende Tat berichtet. Ebenso wie der gefesselte und geblendete Held Israels von den alttestamentarischen Philistern zu niedriger Fron verurteilt ist, so frönt der innerlich unfreie und verblendete Anthony Beavis dem materialistischen Philistertum seiner Zeit, bevor ihm die Schuppen von den Augen fallen und innere Umkehr sein Leben verändert. Nicht von ungefähr hatte übrigens Matthew Arnold, Huxleys Großonkel, den Begriff «philistinism» [78] aus dem Deutschen entlehnt, um damit sein geistiges Feindbild zu definieren.

Mehr als alle anderen Romane Huxleys ist *Geblendet in Gaza* von autobiographischem Interesse. Dadurch, daß der Autor wie nie zuvor sich selbst und die Menschen seiner Umgebung porträtierte – wenn wohl auch aus verkürzter Perspektive und in tendenziöser Verzeichnung –, gelang ihm, der mehrfach erklärte, kein geborener Romancier zu sein und sich mit dem Erfinden von Handlung schwer zu tun, ein Werk, in dem die Figuren psychologisch überzeugen und ausnahmslos, allen voran der ihn selbst verkörpernde Protagonist, eine interessante und plausible Entwicklung durchlaufen. Ein weiter Weg vom Konversationsroman zum Konversionsroman!

Eigenartig ist die Erzählstruktur. Die Lebensläufe und Handlungsstränge werden nicht chronologisch aufgereiht, sondern hüpfen über die Zeitspanne von 1903 bis 1935 kapitelweise vorwärts und rückwärts, scheinbar wie *ein Päckchen Momentaufnahmen in den Händen eines Irren* [79]. Erst später wird erzählerisch (und psychologisch!) eine Ordnung sichtbar, *worin jedes Ereignis seine Ursache hat und seine Wirkung hervorruft – wo die Karte uns von dem Taschenspieler aufgedrängt wird, aber nur, weil unsere früheren Handlungen den Taschenspieler gezwungen haben, sie uns aufzudrängen* [80].

In Anthony Beavis' Werdegang hat Huxley viel von seiner eigenen Vergangenheit einfließen lassen. Anthony verliert mit elf Jahren seine Mutter. Das Verhältnis zwischen ihm und dem sentenziös-selbstgefälligen Va-

ter, der den jungen Bücherwurm zum Bergsteigen nach Grindelwald ent-
führen will, ist kühl und formell; außerdem nimmt der Sohn dem Vater
übel, daß er schon bald nach dem Tod seiner Frau eine neue Verbindung
eingeht. So ist er froh, als er nach der Beerdigung seiner Mutter in die
Internatsschule Bulstrode – ein nur leicht verfremdetes Hillside – zurück-
kehren kann. Dort, unter seinen Kameraden, fühlt er sich wohler, trotz
spartanischer Einfachheit und gnadenloser Hackordnung. Am engsten ist
er mit Brian Foxe befreundet, dem Huxley die Züge seines Bruders Trev
gegeben hat: Er stottert, ist Bergsteiger aus Leidenschaft und krankt an
einem übersteigerten, lebensgefährlichen Idealismus und Pflichtbe-
wußtsein. Reizend ist die Szene geschildert, wie er und Brian bei Mond-
schein selbstgeschnitzte Schiffchen in der zugestopften Dachrinne unter
den Fenstern des in Kämmerchen abgeteilten Schlafsaals auf und ab se-
geln lassen – eine von Huxleys Vetter Gervas bezeugte Hillside-Erinne-
rung.

Anthonys und Brians Freundschaft überdauert die gemeinsamen
Schuljahre, obwohl sie sich in Weltanschauung und Lebensführung immer weiter voneinander entfernen. Während Brian als tiefgläubiger
Christ sich der «Freiheit wozu» verpflichtet fühlt (*Aber wenn du f-frei sein
willst, m-mußt du ein G-gefangener sein. Es ist die V-vorbedingung, der
F-freiheit – w-wahren F-freiheit*[81]), macht sich Anthony die «Freiheit wovon» zu eigen (*Und er hatte keine Zeit, keine Energie für Gefühle und
Verantwortung übrig. Seine Arbeit ging vor*, die Arbeit *des abseitsstehen-
den Philosophen, des vielbeschäftigten, ganz in Anspruch genommenen
Wissenschaftlers, welcher Dinge einfach nicht sieht, die für jeden anderen
offenkundig sind.*[82]).

Grundverschieden sind demnach ihre ersten Liebeserfahrungen. Anthony läßt sich von der weit älteren Mary Amberley, einer geschiedenen
Dame der Gesellschaft, verführen und kostet bedenkenlos die Freuden
einer ungehemmten Sexualität, aus der heraus ihm die Keuschheit als die
unnatürlichste aller sexuellen Perversionen[83] erscheint. Sein Freund ver-
liebt sich in Joan Thurslay, eine Pfarrerstochter, die grundsätzlich seine
asketische Strenge teilt, sich aber nach ein wenig Zärtlichkeit sehnt, ohne
darin einen Verstoß gegen Gebot und Sitte zu erblicken. Brian, der ganz
unter dem Einfluß seiner streng religiösen Mutter steht und sich ihrer
besitzergreifenden Liebe nicht erwehren kann, ist der Zerreißprobe zwischen sinnlichem Drang und sittlichem Zwang bald nicht mehr gewachsen
und zieht sich in die nördliche Gebirgslandschaft des Seendistrikts zurück, um sich durch hartes Studium und erschöpfendes Bergsteigen von
seiner Gewissensnot abzulenken. Anthony, dem Joan als bestem Freund
ihres Verlobten ihr Herz ausschüttet, begeht einen gemeinen Verrat, indem er das ihm Anvertraute genüßlich seiner auf Pikanterien lüsternen
Geliebten weitererzählt. Doch nicht genug damit: Er läßt sich von ihr eine
Wette aufzwingen, bei der es für ihn darum geht, Joan zu verführen. Das

ahnungslose Mädchen fällt in der Meinung, es handle sich um wahre Liebe, der Niedertracht zum Opfer. Für Brian ist es, als er davon erfährt, der «coup de grâce». Zerschmettert findet man seine Leiche in einem Abgrund.

Was mochte Huxley gemeint haben, als er Anthony an seinem Freund Brian, im Klartext: sich selbst an seinem Bruder Trev, schuldig werden ließ? Selbstverständlich hatte er nichts damit zu tun, daß im Jahre 1914, dem Jahr, auf das der Schriftsteller Huxley übrigens auch den Selbstmord Brians datierte, sein Bruder sich das Leben genommen hatte. Und dennoch: ein gewisser Selbstvorwurf ist nicht von der Hand zu weisen, besonders wenn man folgende autobiographische Notiz zur Kenntnis nimmt: *Für mich selbst war, wie zweifellos für die meisten Zeitgenossen, die Philosophie der Sinnlosigkeit im wesentlichen ein Mittel, frei zu werden. Die Freiheit, die wir ersehnten, war... Befreiung von einem gewissen moralischen System. Wir widersetzten uns der Moral, weil sie unsere sexuelle Freiheit beschränkte.*[84] Einem Mann von Huxleys Sensibilität mochte dieser Standpunkt im Rückblick wie ein Verrat erscheinen, zwar nicht am Bruder selbst, wohl aber an den Idealen, für die dieser gelitten hatte, an denen er zerbrochen war.

Brians Tod entzweit Anthony und Mary Amberley. Erst zwölf Jahre später sehen sie sich wieder. Inzwischen sind Marys Töchter, Joyce und Helen, herangewachsen. Helen heiratet einen ehemaligen Schulkameraden Anthonys, aber die Ehe mit dem unmännlichen Hugh Ledwidge enttäuscht sie so schwer, daß sie sich Anthony zum Geliebten nimmt. Das Verhältnis, dem Anthony gemäß seiner Auffassung von Freiheit keine tiefere Bedeutung beimißt, findet ein jähes Ende, als aus einem das Haus überfliegenden Flugzeug ein Hund herunterfällt und das nackt auf dem Dach liegende Paar mit Blut besudelt, nicht etwa als einfacher «deus ex machina», sondern als Symbol für das Bestialische eines sich selbst überlassenen Triebs. Unter dem Eindruck der grausigen Szene findet Helen zu sich selbst zurück, ihre Affäre mit Anthony ist beendet.

Doch auch in Anthony bahnt sich eine Veränderung an. Schon beim Anblick seiner blutbespritzten, fassungslos weinenden Geliebten empfindet er Mitleid und dann *ein fast heftiges Aufquellen von Liebe zu dieser verwundeten und leidenden Frau, dieser Person, ja, Person, die er nicht beachtet hatte, absichtlich, als wäre sie nichts weiter als ein Lustobjekt*[85]. Als Helen sich von ihm abwendet, läßt er sein Leben Revue passieren und kommt zu dem Schluß, daß seine bisherige Devise: *Video meliora proboque, deteriora sequor* (Ich sehe und billige das Bessere, aber ich folge der Verlockung des Schlechteren) falsch war. Zum erstenmal verspürt er das Verlangen, *über die Bücher hinauszugelangen, über das parfümierte, schwellende Fleisch von Frauen, über Furcht und Trägheit, über die schmerzliche, aber insgeheim schmeichelnde Anschauung von der Welt als Menagerie und Irrenhaus*[86].

Zunehmend gerät er unter den Einfluß von Mark Staithes, der mit ihm die Schulbank gedrückt und sich zu einem Linksrevolutionär von asketischem Fanatismus entwickelt hat. Schließlich willigt er sogar ein, Mark nach Mexiko zu begleiten, um bei einer bevorstehenden Revolution in einem zentralamerikanischen Land mitzuwirken.

Von Panama reiten die beiden unter furchtbaren Strapazen und Entbehrungen über das Gebirge, um ihre Verabredung mit den Rebellen einzuhalten. Doch sie gelangen nicht an ihr Ziel. Am zweiten Tag kommt Marks Maultier zu Fall, Mark zieht sich eine schwere Beinverletzung zu und kann nicht weiter.

Anthony läßt den Verletzten in einer Eingeborenenhütte zurück, um irgendwo einen Arzt aufzutreiben. Da kommt ihm wie durch ein Wunder ein gewisser Dr. James Miller entgegengeritten, der als Arzt und Anthropologe heilend und forschend die Gegend durchstreift. Er amputiert Marks Bein, an dem inzwischen der Wundbrand eingesetzt hat, und rettet Mark damit das Leben.

Mark Staithes und Dr. Miller – in letzterem porträtierte Huxley voll Dankbarkeit seinen Heiler und Helfer F. Matthias Alexander – treten beide als Systemveränderer und, mit mehr oder weniger Berechtigung, als Menschheitsbeglücker auf. Mark, mit seinem *geschundenen Lächeln*, seiner *verachtungsvollen Leidensmaske*, interessieren Revolutionen nur im Anfangsstadium: *Solange es darum geht, die Leute oben an der Spitze zu beseitigen. Aber nachher, wenn die Sache gelungen ist – was dann? . . . In Rußland haben die Menschen bisher noch nicht die Möglichkeit gehabt, wie Schweine zu völlern. Die Umstände haben sie gezwungen, Asketen zu sein. Aber nimm an, das wirtschaftliche Experiment dort gelingt; nimm an, es kommt eine Zeit, wo sie, alle wohlhabend sind – was soll sie abhalten, sich in Babbitts zu verwandeln? Millionen und aber Millionen weichlicher, sich suhlender Babbitts. . .*[87] Für ihn ist die Idee alles, und er haßt und verachtet die Menschen, weil sie für die Idee zu klein sind. Nur Gewalt und organisierter Haß kann sie zwingen, der Idee zu dienen.

Mark Staithes ist Ideologe, Dr. Miller, mit dem Mund eines Inquisitors, *der sich vergessen und zu lächeln gelernt hat*, ist Anthropologe (*Und was ist schließlich Anthropologie? Nichts als angewandte, wissenschaftliche Religion*[88]). Noch im Sattel sitzend, diagnostiziert er Anthonys negative Lebenseinstellung und klärt ihn auf, daß er sie durch eine fleischarme Diät günstig beeinflussen könne. Er belehrt ihn, wie schädlich es sei, seinen Geist-Körper nicht richtig und bewußt zu gebrauchen, wie sehr es darauf ankomme, den Wundbrand schlechter Gewohnheiten auszuschneiden. Und was das Beten betrifft: *Das war mir in Wirklichkeit immer zuwider, wissen Sie . . . All dieses Bitten um besondere Gunstbeweise, um Lenkung und Verzeihung – ich habe immer gefunden, daß man davon nur egoistisch wird . . . Beten macht einen mehr zu einem selbst, sondert nur noch weiter ab; genau, was ein Rumpsteak tut. Sehen Sie sich doch die*

Wechselbeziehung zwischen Religion und Diät an! Christen essen Fleisch, trinken Alkohol, rauchen Tabak; und das Christentum verherrlicht die Persönlichkeit, behauptet den Wert des Bittgebetes, lehrt, daß Gott Zorn fühle und die Verfolgung von Ketzern billige. Bei den Juden und Mohammedanern ist es nicht viel anders... Und nun sehen Sie sich die Buddhisten an! Gemüse und Wasser. Und wie sieht ihre Philosophie aus? Sie verherrlichen die Persönlichkeit nicht; sie versuchen, über sie hinauszugelangen. Sie bilden sich nicht ein, daß Gott zornig sein kann... Daher gibt es bei ihnen keine Bittgebete. Sie meditieren, oder mit anderen Worten, sie versuchen, ihren eigenen Geist im Weltgeist aufgehen zu lassen.[89]

Als Anthropologe weiß Dr. Miller, daß er *Menschen beim Namen nennen muß; immer an sie als Menschen denken muß; ja, und sie immer als Menschen behandeln muß. Denn wenn man Menschen nicht als Menschen behandelt, dann benehmen sie sich nicht als Menschen.*[90]

Anthony kehrt mit Mark Staithes und Dr. Miller nach London zurück und beginnt an sich selbst zu arbeiten. Er will lernen, wie man ein besserer Mensch wird. Jedes Mittel ist ihm recht: Spirituelle Übungen, Diät, körperliches Training à la Alexander. Auf Dr. Millers Rat führt er ein Merkbuch, in dem er seine Fortschritte einträgt, wie zum Beispiel am 3. Juni 1934: *Während der heutigen Lektion bei Miller erkannte ich plötzlich, daß ich in Theorie und Praxis dieser Technik einen Schritt vorangekommen bin. Um sein Selbst richtig gebrauchen zu lernen, muß man vorerst jeden unrichtigen Gebrauch des Selbst unterbinden... Verstärktes Bewußtsein und größere Beherrschtheit sind das Ergebnis... Nichtigkeiten nehmen eine neue Bedeutung an... Sich die Zähne putzen, die Schuhe anziehen – solche Verrichtungen werden durch gewohnheitsmäßigen falschen Gebrauch zu einer Art lästigen Nebensache herabgewürdigt. Werde deiner bewußt, höre auf, wie besessen dem Zweck nachzujagen, konzentriere dich auf die Mittel, und eine lästige Nebensache verwandelt sich in eine ernstzunehmende, interessante Wirklichkeit... Die Einsicht in den Muskelaspekt des Geistkörpers läßt sich auf die Erforschung anderer Aspekte übertragen. Es kommt zu einer verstärkten Fähigkeit, die eigenen Beweggründe für jeden beliebigen Verhaltensakt zu entdecken... Bisher stellte man sich präventive Ethik als etwas außerhalb des Einzelmenschen Gelegenes vor. Soziale und wirtschaftliche Reformen wurden in der Absicht durchgeführt, Anlässe für schlechtes Verhalten auszumerzen. Das ist wichtig, aber noch lange nicht genug.* Wir brauchen *eine Methode, Fortschritte ebenso von innen wie von außen her zu erreichen, Fortschritte nicht nur als Staatsbürger und Arbeitskraft... sondern auch als Mensch.*[91]

Am 20. Mai spricht Anthony in einem Saal vor 500 Menschen. Ziemlich erfolglos. Mark ist dabei und kommentiert danach: *Man könnte ebenso gut hingehen und zu Kühen auf einer Wiese sprechen.*[92] Anthony ertappt sich bei der Versuchung, ihm zuzustimmen, das zugespielte Alibi zu nutzen, um die Hände in den Schoß zu legen. Doch dann überlegt er, daß, wenn auch nur ein einziges Saatkorn aufgeht, eine solche Versammlung der Mühe wert ist; und sollte keines aufgehen, so müßte er um seiner selbst willen sprechen, als Training für nächstes Mal. Mitte Juli erlebt er Dr. Miller auf einer Großkundgebung vor dem Tower. Er spricht gut – *die richtige Mischung aus Beweisgründen, Späßen und Gefühlsappellen*[93]. Die physische Bedrohung und Mißhandlung durch einen jungen Zwischenrufer läßt er lachend und ohne Furcht oder Zorn über sich ergehen, bis er die Lacher auf seiner Seite hat und seine Rede fortsetzen kann.

Anthonys innere Erneuerung ist vollständig. Auch seine Einstellung zur Sexualität hat sich gewandelt, er brandmarkt an ihr den häufig ichbezogenen, ausbeuterischen Charakter: *Wenn auch weniger gefährlich als Gehässigkeit und die Gier nach Macht, Geltung oder gesellschaftlichem Rang, ist Wollust dennoch unverträglich mit Pazifismus; wird mit ihm nur vereinbar, wenn sie aufhört, Selbstzweck zu sein, und ein Mittel zur Vereinigung zweier gesonderter Einzelwesen durch Liebe wird. Solche Art von Einheit ist allerdings ein Musterbeispiel für Einheit schlechthin.*[94]

Dieser neue Geist der Verpflichtung und Verantwortung durchdringt Anthony, als er am 23. Februar 1935 selbst auf einer Kundgebung in Battersea sprechen soll und von einer *Gruppe patriotischer Engländer* einen Drohbrief erhält. Furcht vor Schmerz und Demütigung befällt ihn, Zweifel an seiner Fähigkeit sich verprügeln zu lassen, ohne zurückzuschlagen, ohne zu weichen. Doch dann, als er schon zum Telefon greifen und sich wegen Grippe entschuldigen will, meldet sich die andere Stimme: *«Einssein», sagte er sich, kaum hörbar flüsternd. Er war den anderen verpflichtet, sogar denjenigen verpflichtet, die sich zu seinen Feinden erklärt hatten... Das Einssein der Menschheit. Das Einssein alles Lebens, sogar alles Seins.*[95] Und während er so über die Hintergründe des Lebens philosophiert, versinkt er immer tiefer in eine mystische Schau, in der sich Frieden und Krieg, Gut und Böse, Einheit und Gesondertheit symbolhaft im Meer mit seinen Stürmen an der Oberfläche und seiner Stille in der Tiefe offenbaren. Bald danach muß er aufbrechen, aber er ist nun ruhig und gefaßt: *Leidenschaftslos und mit heiterer Klarheit dachte er daran, was ihm bevorstand. Was immer es sein mochte, er wußte nun, daß alles gut sein würde.*[96]

Damit endet das Buch, das den Wendepunkt in Huxleys Leben markiert, zugleich aber den Ausgangspunkt zu weiterem Forschen und Streben. Die Quintessenz seiner neuen Philosophie ist das Postulat einer spirituellen Wirklichkeit, die der Welt der Erscheinungen zugrunde liegt; der Glaube, daß diese Wirklichkeit von jedem, der sich darum bemüht, erlebt werden kann; die Überzeugung, daß gesellschaftliche Veränderungen sich dadurch bewerkstelligen lassen, daß man die Individuen ändert, aus denen die Gesellschaft besteht.

Als Auffangbecken für Gedanken und Überlegungen, die den Rahmen eines Romans gesprengt hätten, brachte Huxley im darauffolgenden Jahr, als er schon in Amerika weilte, die Abhandlung *Ziele und Wege* (*Ends and Means*) heraus. Gemäß dem Untertitel *Eine Untersuchung des Wesens der Ideale und der Mittel zu ihrer Verwirklichung*, prüft Huxley die Voraussetzungen, unter denen in Staat und Gesellschaft der Geist der Freiheit, des Friedens und der Nächstenliebe Einzug halten könnte.

Das schon im Titel anklingende Leitmotiv, das in vielerlei Variationen abgewandelt wird, ist: *Der Zweck kann die Mittel nicht rechtfertigen, aus dem einfachen und einleuchtenden Grund, weil die angewendeten Mittel das Wesen der durch sie erreichten Ziele beeinflussen.*[97] So warnt Huxley vor Revolution und radikaler Reform und tritt für vorsichtige Schritte in Richtung auf einen kooperativen Gemeinschaftsbesitz der Produktionsmittel ein; damit distanziert er sich von dem zentralbürokratischen, die Initiative des einzelnen lähmenden Staatssozialismus ebenso wie von dem profitgierigen, Mensch und Natur ausbeutenden Kapitalismus. Er appelliert an die demokratischen Regierungen, Krieg und Kriegsvorbereitung zu ächten, da sie sonst ihre Glaubwürdigkeit verlören und sich in ihrem innersten Wesen verändern würden. Große Bedeutung mißt er einer Erziehung bei, die nach Art der Montessori-Schule den Jugendlichen, ohne ihm verfrühte Selbstverantwortung aufzubürden, zu einem freien und mündigen Staatsbürger heranbildet. Er beklagt in diesem Zusammenhang die Berieselung und Korrumpierung der Kinder durch die seichte Unterhaltung der Massenmedien, die zu suchtartiger Abhängigkeit führen könne. Er zitiert Mahatma Gandhi, der die in Indien übliche Frühehe mit höherer Schulbildung für unvereinbar hält, und warnt mit William H. Sheldon vor Sexualität im Entwicklungsalter. Was seine Einstellung zur Religion und Ethik betrifft, so wirft er den christlichen Kirchen vor, sie erlaubten den Gläubigen, *sich für gute Christen zu halten und gleichzeitig Dividenden aus Rüstungsfabriken zu beziehen; sich für gute Christen zu halten und dennoch durch Börsenspekulation das Wohl ihrer Mitmenschen zu gefährden, sich für gute Christen zu halten und zugleich dem Imperialismus und dem Krieg zu dienen*[98]. Geistige Süchte wie Macht- und Besitzgier, die im höchsten Maße trennend wirkten, seien gefährlicher als die animalischen Triebe und Laster, denen wenigstens durch Sättigung und Überdruß natürliche Grenzen gezogen seien.

Ausgedient hat die These von der Gleichwertigkeit psychischer Zustände, wie sie in *Do What You Will* für den Lebensanbeter Gültigkeit besaß. Ethische Wahrheit ist nicht mehr relativ und von Fall zu Fall verschieden, sie wird nicht mehr auf eine individuelle Geschmackssache oder ein Gleichgewicht der Exzesse reduziert, sondern zur absoluten und allgemein gültigen Kategorie ernannt. Ihre überzeugende Verkörperung ist der unabhängige (*non-attached*) Mensch: *Unabhängig von seinen körperlichen Empfindungen und Begierden. Unabhängig von seinem Verlangen nach Macht und Besitz ... Unabhängig von seinem Zorn und Haß ... Unabhängig von Reichtum, Ruhm und gesellschaftlicher Stellung.*[99]

Karikaturen von David Low...

... mit Dick Sheppard Mussolini und Hitler beschwörend

Das in der zitierten Übersetzung für *non-attached* stehende «unabhängig» übersieht einen wesentlichen Teil der hier beabsichtigten Wortbedeutung. *Non-attached* entspricht, gerade in Anbetracht von Huxleys neuer Weltanschauung, der fernöstlichen Weisheit des Loslassens, Nicht-Verhaftetseins, die vom Ich-Bann befreit und den Menschen auf eine Daseinsstufe erhebt, auf der er durch Sammlung und Meditation sein eigenes Einssein mit dem Urgrund aller Dinge entdeckt. Eine solche Metaphysik prägt das ethische Verhalten des Menschen besser als jeder Katechismus: *Jedes Handeln von Einzelmenschen und Gesellschaften steht durch die Ethik mit deren grundlegender Auffassung vom Wesen der Welt in Verbindung... Unter diesen Umständen ist eine Diskussion politischer, wirtschaftlicher oder erzieherischer Probleme, die keine Beziehung zu einer solchen Grundauffassung haben, oberflächlich und sogar verhängnisvoll.*[100]

Aldous Huxleys Wandlung wirkte auf Kritik und Lesergemeinde verwirrend; man war auf so etwas nicht gefaßt. Trotzdem wurde *Geblendet in Gaza* ein voller finanzieller Erfolg. In England wurden im ersten Jahr nach seinem Erscheinen doppelt so viele Exemplare abgesetzt wie im gleichen Zeitraum von *Schöne neue Welt* verkauft worden waren. Die Literaturkritik beschäftigte sich mit dem Buch in eingehenden Analysen und sparte, abgesehen von gewissen Vorbehalten gegenüber der Vor- und Rückblendentechnik und den retardierenden Merkbuch-Einschüben, nicht mit Lob und Anerkennung. Viel mehr Staub wirbelte dagegen *Ziele und Wege* auf. Die Abhandlung, die zu einer Art Bibel für die Friedensbewegung wurde, erwarb sich zwar Respekt dank der Ehrlichkeit ihrer Absichten und der Lauterkeit ihrer Gesinnung, doch mußte sie auch manche Kritik wegen Naivität und Unlogik einstecken. Besonders befremdlich wirkte der Non-Attachment-Gedanke, der politisch ja dem Neutralismus und Isolationismus verwandt ist, im Kontext der politischen Situation von 1937, dem Jahr, in dem die Schrift erschien. Im Jahr zuvor hatten die Italiener Abessinien an sich gerissen und der Spanische Bürgerkrieg war ausgebrochen, in dem Hitler und Mussolini massiv die faschistischen Aufständischen unterstützten und ihre Waffen für künftige militärische Auseinandersetzungen erprobten. 1937 trat Italien dem Anti-Komintern-Pakt zwischen Deutschland und Japan bei, die Achse Berlin–Rom festigte sich, die Welt hielt den Atem an. Und da empfahl ein Mann, der es sich in den Kopf gesetzt hatte, die Welt durch Liebe zu retten, die tobenden Diktatoren durch Nachgeben und Zurückweichen zu besänftigen. Wenn auch die Beschwichtigungspolitik noch den Anschluß Österreichs und die Münchener Konferenz im Jahre 1938 hinnahm, wenn auch die breiten Massen in Großbritannien sich mit ihr im großen und ganzen identifizierten, so täuschten sich die Wortführer der Intelligenz nicht über den Ernst der Lage. Eine bezeichnende Stimme ließ sich in einer Huxley im übrigen wohlgesinnten Rezension vom 12. November 1937 vernehmen:

«Die Macht der Gewaltlosigkeit hängt letzten Endes von der Anständigkeit des Angreifers ab. Gibt es nicht auch Angreifer, die ihr gegenüber unzugänglich sind? Hätte Gewaltlosigkeit den Heloten im alten Sparta, den Albigensern, den Juden im heutigen Deutschland genützt? Soll der Barmherzige Samariter den Reisenden erst halb tot schlagen lassen, ehe er ihm zu Hilfe kommt? Gibt es denn kein Gut, das zu verteidigen sich lohnt?» [101]

Mystik

Es war am 7. April 1937, als Aldous, Maria und Matthew in Begleitung von Gerald Heard von Southampton aus in See stachen. In New York angekommen, kauften sie einen Ford und fuhren los. Über Virginia, Georgia, Florida, Louisiana und Texas erreichten sie das bei Touristen und Künstlern gleichermaßen beliebte Städtchen Taos in New Mexico, in dessen Nähe Frieda Lawrence eine 2700 Meter über dem Río Grande gelegene Ranch besaß. In einem von Frieda zur Verfügung gestellten Blockhaus verbrachten sie den Sommer, nur ein paar Kilometer von der Wüste entfernt, in einer Umgebung, von der Huxley schrieb: *Die Landschaft ist höchst erstaunlich und schön – aber ich weiß nicht, ob man sie sehr lang ertragen kann. Ich bin, außer da und dort in Mexiko, nirgends gewesen, wo die Natur dem Menschen so fremd, ja feindselig erschien.* [102]

Als es Herbst wurde, siedelten die Huxleys nach Hollywood über, von wo aus Aldous und Gerald im November eine Vortragstournee über das Thema Pazifismus unternahmen. Die Reise ging über Chicago, wo Huxley sich mit W. H. Sheldon traf, nach New York; dort kam Aldous allerdings allein an, da Gerald sich unterwegs den Arm gebrochen hatte. In New York vereinigte sich die Familie, um Weihnachten zu feiern, und erst jetzt, in den ersten Tagen des Jahres 1938, fiel der Entschluß, die geplante Rückreise nach England nicht anzutreten.

An Motiven fehlte es nicht. Zunächst hegte Huxley seit langem den Wunsch, seinen Sohn an einer amerikanischen Universität studieren zu lassen.

Ein weiterer Grund war, daß die trockene Luft Südkaliforniens sich günstig auf seine bronchitisanfällige Lunge auswirkte, ebenso wie das helle Sonnenlicht seinen geschädigten Augen wohl tat. Bestimmend dürfte allerdings gewesen sein, daß Maria, in bitterer Erinnerung an ihre Flüchtlingsjahre, ihrer Familie und sich selbst einen zweiten Krieg ersparen wollte.

Wie gehässig ein solcher Schritt in England, besonders als kurze Zeit danach der Krieg ausbrach, aufgenommen wurde, zeigt folgendes Epigramm, das die angesehene Zeitschrift «Spectator» [103] 1940 «gewissen Intellektuellen, die sicher in Amerika sitzen», zudachte:

Taos, New Mexico

This Europe stinks, you cried, swift to desert
Your stricken country in her sore distress.
You may not care, but still I will assert,
Since you have left us, here the stink is less.

(Europa stinkt, rieft ihr und seid geflüchtet
Aus eurem Land voll Tränen, Schweiß und Blut.
Ist's euch auch schnurz, ich hab es nicht erdichtet:
Seit ihr hier fort seid, ist die Luft ganz gut.)

Nachdem Aldous noch einige Vorträge in Washington, Philadelphia und Toronto gehalten hatte, kehrten die Huxleys nach Hollywood zurück. Gleichsam über Nacht waren sie von einem Freundeskreis umringt, der sich so prominenter Namen wie Charlie Chaplin, Paulette Goddard, Greta Garbo, Gary Cooper und Walt Disney rühmen konnte. Auch der bekannte Astronom Edwin Hubble und der indische Philosoph Krishnamurti gehörten dazu. Anita Loos, Autorin des damaligen Bestsellers «Blondinen bevorzugt» («Gentlemen Prefer Blondes»), die die ganze Gesellschaft jeden Sonntag zum Mittagessen in ihr am Meer gelegenes Haus einlud, erzählt von den anschließenden Strandwanderungen, auf denen

Huxley wie ein Rattenfänger alle anderen hinter sich her zog und mit seinem vielseitigen Wissen über Flora und Fauna unterhielt. Schmunzelnd erinnert sie sich, wie ein Picknick des ausgelassenen und buntscheckigen Völkchens – einige in Saris gehüllte Inderinnen setzten das Tüpfelchen auf das i – von einem bulligen Sheriff jäh unterbrochen wurde, der sich, obschon ein Kinofan, weigerte, in den ihm von Huxley vorgestellten Personen seine Leinwandidole zu erkennen, und die «Landstreicher» kurzerhand zum Teufel jagte.[104] Anita Loos war es auch, die mit Hilfe ihrer guten Beziehungen Huxley ins Filmgeschäft brachte: er schrieb für Metro-Goldwyn-Mayer das Drehbuch zu einem Madame Curie-Film; weitere Aufträge dieser Art folgten.

Seit seiner Augenerkrankung im Jahre 1913 hatte sich an Huxleys Sehbehinderung nichts geändert. Doch in letzter Zeit war das Leiden zusehends schlimmer geworden, so daß es durch keine Brille auch nur einigermaßen ausgeglichen werden konnte. Da hörte er im November 1938 von einem Sehtraining, das von dem New Yorker Arzt Dr. W. H. Bates entwickelt worden war und durch Umerziehung der Augenmuskeln eine Besserung der Sehkraft in Aussicht stellte. Huxley, der für jede Art von Unorthodoxie eine Schwäche und zudem kaum eine andere Wahl hatte, beschloß, es mit der Bates-Methode zu versuchen, und unterzog sich täglich mit eiserner Willenskraft stundenlangen und anstrengenden Übungen. Die Methode schlug bei ihm so gut an, daß er im Mai 1939 nach eigener Angabe mühelos lesen und schreiben konnte, und zwar mit bloßem Auge. Wie immer bestrebt, Wahrheit zu verbreiten und anderen zu helfen, protestierte er persönlich gegen einen kalifornischen Gesetzesantrag zur Unterbindung unorthodoxer Augentherapie und drang damit durch; außerdem wies er seine Verleger an, nur noch Werbefotos zu veröffentlichen, auf denen er ohne Brille zu sehen war. Im Jahre 1942 erschien seine Schrift *Die Kunst des Sehens* (*The Art of Seeing*), in der er die Methode erklärt und seine Erfahrungen mit ihr ausführlich beschreibt. (Freilich war die Euphorie des ersten Erfolgs von kurzer Dauer, Huxley übte für den Rest seines Lebens und erlebte dennoch immer wieder Rückschläge.)

Typisch für Huxleys Integration von Einzelerfahrungen in das Koordinatensystem einer Gesamtschau ist folgender Briefpassus: *Die Bates-Methode, ebenso wie die von F. M. Alexander entwickelte Methode der Körperkontrolle, war für mich von großer Bedeutung. Diese beiden Techniken haben die Möglichkeit einer vollständigen physiologischen Umstimmung bewiesen, ähnlich derjenigen, die durch mystische Techniken im psychischen und spirituellen Bereich bewirkt werden kann...* Das Stichwort «Mystische Techniken» läßt Huxley einige Zeilen weiter zusätzliche Betrachtungen zu diesem Thema anstellen: *Als jungem Mann war es mir hauptsächlich um Wissen um seiner selbst willen zu tun, um das Spielen mit Gedanken, um Literatur, Malerei und Musik. Aber seit einigen Jahren*

*empfinde ich eine gewisse Unzufriedenheit mit diesen Dingen, spüre ich,
daß sogar die größten Meisterwerke irgendwie unzulänglich sind. Erst vor
kurzem begann ich, etwas über die Wirklichkeit zu erfahren, von der aus
solche Dinge wie Kunst und Wissen sich besser bewerten lassen. Für sich
allein nur Stückwerk, erscheinen diese Leistungen des Geistes in ihrer wah-
ren Perspektive erst, wenn man sie von der Warte der Mystik betrachtet.
«Jenes dürre Laub von Wissenschaft und Kunst» ist nur dann dürr, wenn es
als Selbstzweck betrachtet wird. Das Geheimnis liegt hier, wie auch in Moral und Politik, in der indirekten Annäherung.*[105]

Der Brief läßt deutlich erkennen, wie weit sich Huxley vom «l'art
pour l'art» seiner jungen Jahre entfernt hat, wie sehr er der Kunst an
sich als etwas Zweitrangigem mißtraut, das der Beschäftigung mit dem
Wesentlichen eher abträglich als förderlich ist – eine Parallele zu seiner
Kritik an autonomer Wissenschaft, die er als Instrument menschlicher
Selbstzerstörung immer öfter an den Pranger stellt. Wie kompromiß-
los er seinem früheren Ästhetizismus den Rücken kehrt, lehrt ein Ver-

Jiddu Krishnamurti

Mit Swami Prabhavananda und Christopher Isherwood, um 1947

gleich mit der pessimistischen, ebenfalls östlicher Weisheit verpflichteten Philosophie Arthur Schopenhauers, nach der das von allen Zwecken und Zielen befreite Erleben eines Kunstwerks, auch wenn direkt und ungebrochen auf den Beschauer wirkend, die Urbilder des Seienden, die «Platonischen Ideen» hinter und über der Welt des Dinglichen erkennen läßt und so zu einer immerhin zeitweiligen Selbsterlösung führen kann.

Im Frühsommer 1939 erweitert sich Huxleys Freundeskreis um den ebenfalls aus England ausgewanderten Christopher Isherwood. Dieser 1904 geborene Romanschriftsteller («Goodbye to Berlin»), der von Haus aus Atheist war, ließ sich von Huxley und Heard für östliche Philosophie und Religion erwärmen. Mehr noch: er wurde als Dritter im Bunde Schüler des Swami Prabhavananda, eines Hindu-Mönchs des Ramakrishna-Ordens, der in Hollywood ein Zentrum der Vedanta-Philosophie gegründet hatte.

Buddha, 11. Jahrhundert

Das Vedanta – der Name bedeutet Ende der Veden, das heißt der heiligen, bis ins zweite Jahrtausend v. Chr. zurückreichenden Offenbarungen des Hinduismus – ist die Philosophie der letzten, zwischen 800 und 400 v. Chr. entstandenen Bücher. Diese Schriften heißen auch Upanishaden, eine Bezeichnung, unter der sie vor allem durch Schopenhauer in der westlichen Welt bekannt wurden.

Der Hinduismus kennt weder Stifter noch Prophet, er ist keine Kirche und besitzt kein Dogma. Er ist eine All-Einheitslehre, nach der die Welt mit all ihrer verwirrenden Vielfalt nur ein Trugbild (maya) ist. In Wirklichkeit existiert nur die göttliche All-Seele (brahman), mit der jedes Menschen Einzelseele (atman) identisch ist. Daraus ergibt sich, daß der Mensch Gott direkt erkennen kann, wenn er sein eigenes wesentliches Selbst zu erkennen lernt (Tat tvam asi: Das bist du). Daraus ergibt sich

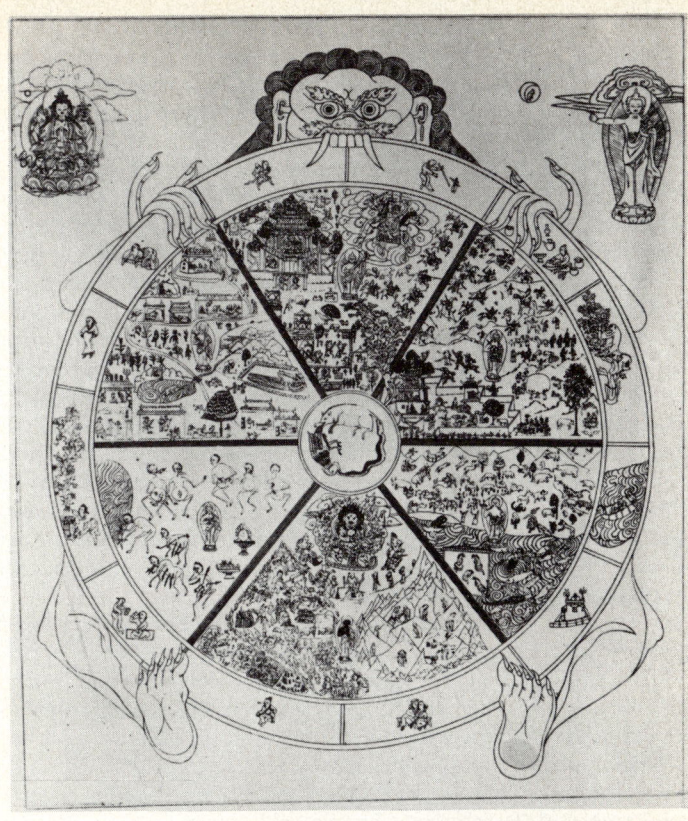

Buddhistisches Weltbild vom Rad des Lebens

aber auch, daß alle Menschen, ja alle Lebewesen von der Wurzel her miteinander verbunden sind, daß die täuschenden Schranken der Individualität aufgehoben werden und das Leiden des anderen das eigene Leiden bedeutet.

Diese streng monistische Auffassung – Vishnu, Shiva und andere Götter sind nur verschiedene Manifestationen des Einen und Absoluten – steht in scharfem Gegensatz zum Dualismus der Juden, Christen und Moslems, die eine Kluft zwischen Gott und Mensch, Schöpfer und Schöpfung, Geist und Materie, voraussetzen. Die Seele des Hindus lebt nach dem leiblichen Tod in der Welt der bloßen Erscheinungen weiter und wird in immer neuen Körpern wiedergeboren. Die Art der Reinkarnation wird von den guten und schlechten Taten im vorausgegangenen Leben (karma) bestimmt.

Vom Vedanta aus lernte Huxley den Buddhismus kennen, dem ebenfalls die Lehre von der Wiedergeburt zu eigen ist, allerdings mit dem Unterschied, daß statt einer fortdauernden Seele nur vergängliche, sich zu immer neuen Kombinationen bündelnde Daseinsfaktoren anerkannt werden.

Gleichwohl ist der Glaube an die Wiederverkörperung das einigende Band beider Religionen, um so mehr als er ihnen die gleiche in sich geschlossene Lebensphilosophie vermittelt: Die Sinnlosigkeit unendlicher Wiedergeburten in einer als illusionär geltenden Welt weckt die Sehnsucht, das Leben, das als Leiden aufgefaßt wird, zu überwinden. Nur der Mystiker, der das Einssein aller Dinge erkennt, kann Befreiung (moksha) erlangen: Befreiung von Furcht und Begierde, von karma und maya, von jeder Art von Fessel. Übungen körperlicher Disziplin (yoga) und Meditation (dyana) verhelfen ihm dazu. Sie bringen ihn auch dem Endziel näher: auszuscheiden aus dem Kreislauf der Geburten (samsara) und einzugehen in die ewige, sich gleichbleibende Ruhe des leeren Lichts (nirvana).

Es ist nicht schwer zu begreifen, warum diese Lehre Huxley ansprechen mußte. Das Fehlen jedes Dogmas legte seinem frei schweifenden Geist keine Fesseln an, die absolute Konsequenz und innere Logik der Gedanken befriedigte seine intellektuellen Ansprüche, die alles in sich begreifende Gewaltlosigkeit kam seinem Hang zum Pazifismus entgegen. Doch ein tieferer Grund war wohl, wie Hilde Spiel sagt, «jene angelsächsische Veranlagung... die es gewissen großen Geistern dieser Völker unmöglich macht, zwischen ihrem Triebleben und ihrem Intellekt einen erträglichen Ausgleich zu schaffen. Das ‹equilibrium latinum› ist ihnen versagt; sie sehen, wenn sie diese Erkenntnis auch in ihren Schriften satirisch maskieren, den Gegensatz zwischen Leib und Geist als unüberbrückbar, als Quelle allen Unheils an, zuweilen sogar als das teuflische und das göttliche Prinzip schlechthin... Kein Wunder, daß Huxley... die Natur schließlich nur noch als Widernatur empfand. Am Leibe verzweifelnd, schwor er den fleischlichen Lüsten ab. Am Geiste verzweifelnd, warf er sich der Mystik in die Arme und beging das ‹sacrificium intellectus›.» [106]

Wenn Hilde Spiel auch eilig hinzusetzt: «Dennoch blieb er als Schriftsteller von glasklarer Klugheit», so erweckt ihr Ausdruck «am Geiste verzweifelnd» doch ein wenig den Eindruck von Resignation und Weltflucht. Eine solche Haltung trifft aber auf Huxley nicht zu. Er fand seine geistige Heimat im Mahayana-Buddhismus [107], der im Gegensatz zur strengen, esoterischen Lehre des Hinayana als «großes Fahrzeug» unterschiedlichen Richtungen Platz bietet, der Welt zugewandt ist. Hauptgedanke des Mahayana ist, daß tätiges Mitleid, nimmermüde Hilfsbereitschaft zu Instrumenten der eigenen Befreiung werden. Dieser Gedanke verdichtet und widerspricht sich zugleich in der herrlichen, zur Nachahmung verpflichtenden Gestalt des Bodhisattwa, des bereits erlösten Menschen, der

das Nirvana aufschiebt oder ausschlägt, um freiwillig in die Welt zurückzukehren und denjenigen zu helfen, die noch unerlöst sind.

Im Oktober 1939, einen Monat nach dem Ausbruch des Zweiten Weltkriegs, erschien Huxleys erster in Amerika geschriebener und dort auch
spielender Roman *Nach vielen Sommern* (*After Many a Summer*), dessen
Titel einem Gedicht von Alfred Tennyson entnommen ist. Schauplatz der
Erzählung ist Kalifornien, der Bundesstaat, wo der «American way of
life» seine wunderlichsten Blüten treibt. Am Bahnhof von Los Angeles
mit dem Auto abgeholt, läßt der Cambridger Privatgelehrte Jeremy Por-
dage, dessen *gedämpfte, flötende Stimme... an Abendandachten in einer
englischen Kathedrale gemahnte*[108], die sinnverwirrende Flut der Straßen-
reklamen mit ihren abgeschmackten Superlativen an sich vorübergleiten.
Nach einem Abstecher zu dem an Disneyland erinnernden Beverley-
Friedhof mit seiner romantischen Spielzeugarchitektur und ständigen
Musikberieselung überquert er schließlich die lichtschrankengesteuerte
Zugbrücke eines pseudo-mittelalterlichen Schlosses.

Mr. Stoyt, der millionenschwere Ölmagnat, der sein Schloß wahllos mit
Kunst und Kitsch aus aller Herren Ländern vollstopft, braucht Jeremy zur
Sichtung und Katalogisierung seiner jüngsten Erwerbung: der Hauberk-
Papiere. Es handelt sich dabei besonders um die Briefe und Tagebücher
des Fifth Earl of Gonister, eines dem Marquis de Sade wesensverwandten
Adeligen aus dem 18. Jahrhundert. Neben Jeremy beschäftigt der be-
jahrte Geldprotz mit seiner krankhaften Todesfurcht den Arzt und For-
scher Dr. Obispo, einen mephistophelischen Zyniker, der an einer Formel gegen Alter und Tod arbeitet und zugleich seinen Auftraggeber mit
dessen junger Geliebten Virginia betrügt.

Da entdeckt Jeremy in den Nachlaßpapieren, daß der fünfte Graf
wahrscheinlich schon zweihundert Jahre vorher eine lebensverlängernde,
auf roher Fischdarmdiät beruhende Formel gefunden hat. Zu viert reisen
sie nach England und werden Augenzeugen der grausigen Wirklichkeit:
Der inzwischen über zweihundert Jahre alte Graf und seine nicht viel
jüngere Haushälterin hausen, zu Affen zurückgebildet, keifend und ko-
pulierend in den Kellern des herrschaftlichen Hauses. *Mr. Stoyt brach das
Schweigen. «Wie lange, glauben Sie, dauert es, bevor ein Mensch so wird?»
fragte er zögernd. «Das wird doch nicht auf einmal so... Das würde doch
lange dauern, bevor man... Verstehen Sie? Ich meine, man würde sich
nicht auf einmal verändern... Und wenn man über den ersten Schock hinaus ist... Also die beiden scheinen sich ja ganz gut zu unterhalten. Auf ihre
Art natürlich. Glauben Sie nicht auch, Obispo?» drängte er.*[109]

Das abstruse Langlebigkeitsmotiv war Huxley aus einer Unterhaltung
mit seinem Bruder Julian zugeflogen, in deren Verlauf sich dieser über
gewisse Arten schottischer Karpfen äußerte, die vor über hundert Jahren
markiert worden waren und sich immer noch bester Gesundheit erfreu-
ten. Wie immer, klagt Huxley auch hier nicht die Wissenschaft an sich an,

sondern nur ihre Vermarktung und Prostitution. Sein zweiter Vorwurf, der allerdings einem tiefen Pessimismus entspringt, gilt Mr. Stoyt und damit dem *homme moyen sensuel* unserer Tage, der sich auch um den Preis seiner Menschlichkeit nicht von den Gütern und Genüssen dieses Lebens trennen kann und vom Geist des *non-attachment* meilenweit entfernt ist.

Was Witz und Satire betrifft, so fühlt man sich beim Lesen dieses Romans in Huxleys frühe Schaffensperiode zurückversetzt. Doch der Schein trügt, denn in der Figur von Mr. Propter, der im übrigen kaum in die Romanhandlung integriert ist, erkennen wir Huxleys dozierend erhobenen Zeigefinger.

Mr. Propter, ein ehemaliger Schulkamerad von Mr. Stoyt, bewohnt auf dessen ausgedehntem Landbesitz ein Häuschen, das er mit Hilfe von Sonnenreflektoren beheizt, und ernährt sich hauptsächlich von den Früchten seines Gartens. Auch sonst hält er es mit einer nach heutigen Begriffen ökologisch-alternativen Lebensweise: *Da war die kleine elektrische Mühle, kaum größer als eine Kaffeemaschine, mit der er sein Mehl mahlte, wann und wie er es brauchte. Da war der Webstuhl, an dem er selbst das Weben erlernt hatte und es anderen beibrachte.*[110] Zurückgezogen lebend, hütet er sich, um seine Lehre rein zu erhalten, vor zweckhaftem Paktieren und Taktieren mit Politik und Establishment. Er respektiert zwar die Demokratie, aber nicht als letzten Wert für das Zusammenleben von Menschen, sondern höchstens als Mittel zu einem höheren Zweck: *Der Mensch ist von Zeit und Begehren und dem eigenen Ich besessen, und Unfreiheit und Fanatismus verstärken diese Besessenheit noch. Daher der Wert der demokratischen Einrichtungen und einer skeptischen Geisteshaltung. Je mehr Achtung der Person gezollt wird, desto bessere Aussichten hat sie, zu entdecken, daß alles Persönliche ein Kerker ist. Potentiell gut ist alles, was dem Menschen aus diesem Kerker heraushilft. Das wirklich Erstrebenswerte liegt außerhalb des Kerkers, im Zeitlosen, in einem Zustand reinen, selbstlosen Bewußtseins.*[111]

Das Jahr 1940 stand politisch unter dem Zeichen der deutschen Blitzsiege über Belgien, Holland und Frankreich, Anlaß für die Huxleys, sich über Marias Mutter und Schwestern in den betroffenen Gebieten Sorgen zu machen. Es war aber auch von Krankheit (Bronchitis, Herzmuskelschwäche, Nesselsucht) überschattet, die Aldous drei bis vier Monate zur Untätigkeit verurteilte. Erst im Oktober begann er an einem neuen Buch zu schreiben, das genau ein Jahr später unter dem Titel *Die graue Eminenz* (*Grey Eminence*) herauskam und in Form einer historischen Biographie die Mystik im Verhältnis zu Zeit und Welt zum Gegenstand hat. Dargestellt wird das ebenso rätselhafte wie faszinierende Leben des François Le Clerc du Tremblay, der als Sproß einer aristokratischen Familie in den Kapuzinerorden eintrat und zum Mystiker wurde. Später geriet er dank seiner glänzenden Begabung und weltmännischen Art in das Spannungsfeld der Politik und stieg unter dem Namen Père Joseph zum eng-

Père Joseph

sten Vertrauten von Kardinal Richelieu auf, dessen machiavellistische
Machtpolitik er bedingungslos unterstützte. Die schlimmsten Folgen
hatte diese Politik für Deutschland, wo sie mit allen Mitteln, auch durch
Unterstützung der Protestanten und eigenes militärisches Eingreifen, den
Dreißigjährigen Krieg schürte und damit bedenkenlos millionenfachen
Tod durch Waffen, Hunger und Seuchen säte.

Das Buch stellt die Frage: Wie konnte ein Mann von so glühender
Frömmigkeit, geübt in der Kunst des inneren Gebets, frei von Gewinn-
streben und äußerem Ehrgeiz, eine solche Politik betreiben, deren einzige Rechtfertigung für ihn darin bestand, daß sie, in reichlich rabulisti-

scher Auslegung des Kreuzfahrer-Wahlspruchs «Gesta Dei per Francos» (Gottes Taten durch die Franzosen), alles für Frankreich und damit für Gott erstrebte? Zur Beantwortung dieser Frage kommt Huxley auf eine Schule der Mystik zu sprechen, die Anfang des 17. Jahrhunderts von Kardinal Pierre de Bérulle, dem Begründer der französischen Oratorianer, entwickelt und zur allein selig machenden erklärt worden war. Diese Schule, die den allgemein absolutistischen Trend des damaligen Frankreichs widerspiegelt, hatte für die undifferenzierte Gottheit eines Johannes vom Kreuz oder Meister Eckart keinen Platz. Sie vereinheitlichte, zog Richtlinien, setzte Normen. Ihr zufolge war es möglich, durch das sogenannte Vernichten von Taten in Gott die Mittel durch den Zweck zu heiligen, zugleich im großen Weltgetriebe zu wirken und in der Ewigkeit zu weilen. Und sie schrieb jedem, der zu mystischen Einsichten gelangen wollte, vor, über die Passion Christi und das Marienleben zu meditieren.

Hier sieht Huxley den springenden Punkt: *Die Kontemplation von Personen und ihren Eigenschaften bedingt ein großes Maß analytischen Denkens und einen unaufhörlichen Gebrauch der Einbildungskraft. Analytisches Denken und Phantasie sind aber gerade die Dinge, durch die die Seele verhindert wird, Erleuchtung zu erlangen* [112], ein Gedanke, den Johannes vom Kreuz in folgende Worte faßt: «Alles, was man mit dem Verstand erkennen, mit dem Willen kosten, mit der Phantasie sich vorstellen mag, ist Gott ganz unähnlich, ja es steht in größtem Mißverhältnis zu ihm.» [113]

Auf der höchsten Stufe der Andacht, besagt diese kompromißlose Formel, müssen sämtliche Ideen und Bilder als anthropomorphe Zugeständnisse beiseite geschoben werden, da sie einer vollkommenen Einigung mit Gott im Wege stehen. Hätte Père Joseph, so folgert Huxley weiter, den Schlüssel zu dieser ursprünglichen und unverfälschten Mystik besessen, so hätte er die Unvereinbarkeit seiner beiden Lebensziele eingesehen und seinem Leben die doppelte Tragik wachsender politischer Schuld und fortschreitender geistlicher Dürre erspart. Ein historisches, vom Autor freilich etwas eigenwillig interpretiertes Beispiel, wie der Zweck die Mittel nicht rechtfertigt, wie eine gott- und menschengefällige Ordnung nur am Rande der großen Machtballungen verwirklicht werden kann: von einzelnen getragen oder von Organisationen, die klein genug sind, um sittlich, vernünftig und verantwortungsvoll handeln zu können. (In seinem «Small Is Beautiful» betitelten Buch erbrachte 1973 der englische Nationalökonom und einstmalige Wirtschaftsmanager E. F. Schumacher den wissenschaftlichen Beweis für die zunehmende Gültigkeit dieser Thesen in unserer Zeit.)

Die Mystik schlug Huxley immer stärker in ihren Bann. Noch im Herbst 1941, gleichzeitig mit dem Erscheinen von *Die graue Eminenz*, kauften die Huxleys eine Ranch in Llano del Rio, hundert Kilometer von Los Angeles entfernt, am Rand der Mojave-Wüste gelegen. Hier, in dem

Johannes vom Kreuz

großen Schweigen einer zeitlosen, elementaren Naturlandschaft, überließ sich Huxley dem täglichen inneren Gebet, studierte er Johannes vom Kreuz, aus dessen Schriften tatsächlich ein heißer Hauch der Wüste herüberweht. Doch nicht genug damit: Zur Ranch gehörten zwei Hektar Grund, auf dem Huxley zusammen mit einer bezahlten Hilfskraft Obst und Gemüse anbaute. Diese Selbstbewirtschaftung und ein eigenes Stromaggregat für das sechs Zimmer umfassende Ranchhaus gaben ihm wie Mr. Propter die Möglichkeit, oder wenigstens die Illusion, fernab und unabhängig von den großen Organisationen und Bürokratien Frühfor-

Mojave-Wüste, Kalifornien

men demokratischen Selbstverständnisses zu verwirklichen. Im September 1942 gründete er mit Gerald Heard und einigen anderen das nahe gelegene «Trabuco-College», eine Exerzitienstätte, mit dem Ziel, hier eine der kleinen Zellen von Personen zu bilden, von deren innerer Umkehr Impulse an die große, lärmende Welt ausgehen sollten. Wie immer, schlugen sich diese neuen Erfahrungen und Erlebnisse in einem Buch nieder, mit dem er nicht nur der Öffentlichkeit Einblick in seinen fortschreitenden Denkprozeß gestattete, sondern auch sich selbst Rechenschaft ablegte und den eigenen Standort bestimmte. Im August 1944 erschien, wenige Wochen nach Huxleys 50. Geburtstag, *Zeit muß enden* (*Time Must Have a Stop*), dessen Titel Shakespeares Historiendrama «Heinrich IV.» entlehnt ist: «Doch Denken ist des Lebens Sklav', das Leben ein Narr der Zeit; und Zeit, die messend schaut die ganze Welt, muß enden.»

Der Roman ist bevölkert von den Prototypen aus Huxleys frühen Ideenromanen: Sebastian Barnack, der gärende junge Mann mit dem *seraphischen Gesicht* und dem *blaßblonden Lockenhaar*, der früh seine Mutter verloren hat und seinem Vater, einem in äußerer Betriebsamkeit aufgehenden sozialistischen Weltverbesserer, entfremdet ist; sein in Florenz lebender Onkel Eustace Barnack, der die Freuden des Lebens und der Kunst genießende Spötter; Veronica Thwale, eine vierundzwanzigjährige Witwe, deren Verführungskünste in dämonische Bezirke hinabreichen.

Wie schon *Geblendet in Gaza* berichtet auch *Zeit muß enden* von einer Bekehrung, doch diese ist jetzt gezielter, vergeistigter, tiefgründiger: *Zeit muß enden. Und sie muß das nicht nur im ethischen Imperativ und als eschatologische Hoffnung, sondern sie hat ein Ende, im Indikativ, als nacktes, brutales Erleben. Nur wenn wir auch die Tatsache der Ewigkeit in Betracht ziehen, können wir das Denken aus der Versklavung an das Leben befreien.*[114]

Dementsprechend ist auch der Lehrer und Retter, Bruno Rontini, eindringlicher, heroischer, metaphysischer gezeichnet als der quirlige Anthropologe und Pazifist Dr. Miller. Bruno, der in Florenz ein Buchantiquariat betreibt (*Es war ein hagerer, kantiger Schädel, der sich über die Bücher neigte; aber wenn Bruno Rontini aufblickte, waren seine Augen blau und leuchtend, und das ganze Gesicht trug fast einen Ausdruck von Fröhlichkeit*[115]), ist ein echter Mystiker, ein Heiliger im Gewand unserer Tage. Er befreit Sebastian, der sich durch unbesonnenes Verhalten nicht nur in Schulden, sondern auch in Schuld verstrickt hat, aus seiner Notlage und zeigt ihm darüber hinaus den Weg in die Freiheit, fort von der ansteckenden Parasitenmentalität seines Onkels, heraus aus den lasziven Umarmungen der sexbesessenen Mrs. Thwale. Erreicht wird diese Freiheit allerdings nicht durch Mahnen und Predigen, sondern durch das Opfer. Bruno bezahlt seine selbstlose Hilfsbereitschaft damit, daß er durch eine von Sebastian ausgelöste Kettenreaktion widriger Umstände in die Fänge der faschistischen Geheimpolizei gerät und erst zehn Jahre später als Todgeweihter freigelassen wird. Sebastian, der in diesen zehn Jahren nach dem lateinischen *Video meliora proboque, deteriora sequor* gelebt hat, pflegt ihn bis an sein Ende und schreibt danach auf, was der Ältere ihn über den göttlichen Urgrund gelehrt hat. Sein Samariterwerk und die Einsicht, daß Teilhabe am Ewigen nach dem Absterben des Körperlichen nur möglich ist, wenn solche Teilhabe schon während des physischen Lebens erreicht wurde, führen Sebastians Läuterungsprozeß zur Reife.

Diese Einsicht liegt auch dem interessantesten Teil des Romans zugrunde, der mit kühner Phantasie über den leiblichen Tod hinausreicht und in den Seinszustand führt, in dem das Bewußtsein (die «Seele») nach fernöstlicher Auffassung verharrt, bis sie entweder Erlösung im Nirvana findet oder, was wahrscheinlicher ist, durch die «Öffnung einer Schoßespforte» eine Wiedergeburt erleidet. Dabei handelt es sich nicht um eine der Seele zuerteilte Belohnung oder Strafe, sondern um ihren Selbstentscheid, der wiederum vom Karma, der Summe der zu Lebzeiten gedachten Gedanken, gesprochenen Worten und ausgeführten Handlungen, abhängt. Huxley erweist sich in der psychologisch wie künstlerisch geglückten Interpretation des «Bardo», des maximal 49 Tage währenden Zwischenzustands, als Kenner des «Tibetanischen Totenbuches», einer Gattung von Texten, die ein Priesterlama dem Sterbenden und Toten ins Ohr flüstern soll, um ihm den rechten Weg zu weisen.

Eustace Barnack, der nach einer Schlemmermahlzeit mit seinem Neffen Sebastian von plötzlichem Unwohlsein befallen wird, stirbt, die Lieblingszigarre noch in der Hand, auf dem Fliesenfußboden der Toilette. Nach der *Erkenntnis einer immer völligeren Abwesenheit, einer immer qualvolleren Entbehrung*[116], erblickt seine Seele ein Licht. Es ist nach dem «Tibetanischen Totenbuch» das strahlende Licht der Wirklichkeit, bei dessen Erscheinen der Sterbende sich der Meditation oder anderen religiösen Übungen hingeben soll.

Das Licht wirkt auf Eustaces Seele wohltuend: *Anstelle völliger Entbehrung war da dieses Licht, war da diese Erkenntnis, erkannt zu sein. Und diese Erkenntnis, erkannt zu sein, war eine befriedigende, ja sogar wonnevolle Erkenntnis.*[117]

Das Licht wird heller und heller, bis zu einem Punkt, an dem *das wonnevolle Gewahrsein, erkannt zu sein, das wonnevolle Teilhaben an dieser Erkenntnis, bis an die äußersten Grenzen seiner Seligkeit gedrängt wird*, ja darüber hinaus, bis hin zu einer *Angst davor, durch Teilhaben gezwungen zu werden, mehr zu erkennen als dem Teilhabenden möglich war; Angst, erdrückt zu werden von der Wucht dieses Zuviels von Licht – zusammengepreßt zu werden zu immer größerer Dichte und Undurchsichtigkeit; und zugleich Angst, zersprengt und zerbrochen zu werden von dem Andrang dieser alldurchdringenden Erkenntnis von innen her, zersprengt zu werden zu kleinen und immer kleineren Bruchstücken, zu bloßem Staub, zu Atomen eines bloßen Nichts. Und dieser Staub und die ständig zunehmende Dichte dieser Undurchlässigkeit wurden von der Erkenntnis, an welcher da teilgehabt wurde, als häßlich wahrgenommen; wurden gerichtet und für abscheulich befunden als etwas aller Schönheit und Wirklichkeit Entbehrendes...* Die Seele ist also zu erdenschwer, um im reinen Licht der Erkenntnis aufzugehen; sie klammert sich an den Schlacken der Endlichkeit fest, die sie selbst verwirft, auf die sie aber angewiesen ist, um als Einzelwesen fortbestehen zu können. Das Licht gibt aber nicht auf:

Jählings erfolgte ein neuer und überwältigender Blitz des Teilhabens an dem Licht, an der qualvoll beängstigenden Erkenntnis, daß es kein solches Recht auf ein Sonderdasein gibt; daß diese sich bald festigende, bald zerfallende Abwesenheit etwas Beschämendes war und verneint, ja, vernichtet werden mußte – unentwegt der Strahlung dieser eindringenden Erkenntnis entgegengehalten und völlig vernichtet werden mußte, aufgelöst werden mußte in der Schönheit dieses unfaßbaren Erglühens.

Für eine unermeßliche Dauer hielten sich beide die Waage – das Wissen, das sich gesondert wußte, das sich seines Rechts auf ein Sonderdasein bewußt war, und die Erkenntnis, die das Beschämende dieser Abwesenheit erkannte und die Notwendigkeit ihrer qualvollen Vernichtung in jenem Licht.[118]

Schließlich ist die Seele nicht mehr imstande, das strahlende Licht der Wirklichkeit, in dem sich aufzulösen Nirvana bedeutet hätte, zu ertragen. Es kommt zur karmischen Verfinsterung; das Licht trübt und verdunkelt sich, der Erkenntnisgrad der Seele verringert sich in dem Maße wie sie während des Lebens schuldhaftes Karma angesammelt hat. *Und nun, da sich das Licht verfinstert hatte und es kein Teilhaben mehr gab, war Undurchsichtigkeit nichts Beschämendes mehr. Dichte war glücklich ihrer Dichte gewahr, Nichtsseins seines undurchdringlichen Nichtseins. Diese Erkenntnis hatte nichts Beseligendes, aber etwas tief Beruhigendes.*[119]

Ein späteres Kapitel geht auf ein vorgerücktes Stadium des «Bardo» ein, in dem die wandernde Seele, nachdem sie erschrocken vor dem Absoluten zurückgewichen ist, vor dem Hintergrund des nur noch in gedämpftem Blau scheinenden Lichts die karmischen Trugbilder an sich vorüberziehen sieht. Es handelt sich dabei um halluzinatorische Straf- und Gerichtsszenen, die die Seele verwirren und in den Geburtenkreislauf zu drängen drohen: *Pein und Gejohle, Alpträume von Grausamkeit und kalter Lust, und dieses ununterdrückbare Hohngelächter, das unablässig am Kern seines Wesens riß.*[120]

Je länger die karmische Verdunklung andauert, desto mehr gewinnt dieses Fegefeuer Gewalt über die Seele, desto verlockender erscheint ihr die Flucht zurück zum Ufer, von dem sie gerade aufgebrochen ist. Dieses Schicksal erleidet auch die Seele von Eustace Barnack: Verwirrt und gequält von den Spiegelbildern eines belastenden Karma, umworben von genüßlichen Reminiszenzen ihrer irdischen Vergangenheit, stürzt sie sich in ein neues Selbst. Sie inkarniert sich in einem jüdischen Knaben, obwohl sie, hellsichtig wie sie in diesem Zustand ist, weiß, daß die Mutter bei der Invasion Frankreichs im Jahre 1940 vor den Augen des Sohnes von einem deutschen Militärfahrzeug zermalmt werden wird.

Eingestreut in diese Jenseitsschilderungen sind recht diesseitig anmutende spiritistische Seancen, durch die Eustaces Familienangehörige und Freunde, allen voran seine achtzigjährige Schwiegermutter, mit Hilfe eines nicht allzu kompetenten Mediums mit dem Verstorbenen in Verbindung treten. Wenn diese spiritistischen Einlagen auch in krassem Widerspruch zum «Tibetanischen Totenbuch» stehen – dieses lehrt eben nicht, daß die Toten zitiert werden können, sondern läßt sie ohne Wenn und Aber tot sein –, so tragen sie jedenfalls dazu bei, dem ernsten und fast feierlichen Thema heitere, oft humorvolle Zwischentöne zu verleihen. Freilich hätte sich mancher Leser für den nur allzu menschlichen, aber im Grunde nicht unsympathischen Eustace ein besseres metaphysisches Abschneiden als eine ungünstige Wiedergeburt gewünscht, so auch der renommierte Literaturkritiker Cyril Connolly in der Zeitschrift «New Statemen and Nation» vom 7. April 1945: «Huxley legt eine Unduldsamkeit an den Tag, die oft die erste sichtbare Folge einer religiösen Bekehrung ist.»[121] Dem ist entgegenzuhalten, daß aus buddhistischer Sicht eine Wiedergeburt nur dann ungünstig ist, wenn sie dem neuen Leben keine Chance gibt, durch erneutes Bemühen einen Schritt näher an das Nirvana heranzukommen.

Mit *Zeit muß enden* erreichte Huxleys erzählende Literatur den letzten Höhepunkt. Von nun an schrieb er fast nur noch Bücher sachlichen und belehrenden Inhalts, für einen Schriftsteller von 50 Jahren eine frühe Selbstbeschränkung. War er, der dünnblütige Zerebrotoniker, der vor den schöpferischen Eruptionen eines literarischen Somatotonikers wie des *fruchtbaren und saftigen Dickens*[122] wie vor einem Rätsel stand, mit seiner Phantasie am Ende? Möglich. Und doch ist die schlüssigste Antwort auf die Frage, warum er es tat, der Satz, den er Bruno Rontini in den Mund legt: *Wenn man ein besserer Mensch wird und mehr weiß, wird man versucht sein, mit dem Schreiben aufzuhören, weil die einen ganz in Anspruch nehmende Arbeit des Dichtens ein Hindernis auf dem Weg zu weiterer Erkenntnis ist.*[123]

Im September 1945 zog Huxley mit *Die ewige Philosophie (The Perennial Philosophy)* das Fazit aus seinen religionsphilosophischen Studien. Es handelt sich um eine Anthologie religiöser und mystischer Weisheit aus Ost und West, wie sie über Jahrtausende hinweg von erleuchteten Menschen verkündet wurde. Huxley ordnet die Fülle metaphysischer Zeugnisse, von denen viele aphoristische Kostbarkeiten sind, in 27 thematisch abgegrenzten Kapiteln und gelangt in ausführlichen Kommentaren zu dem Schluß, daß ihnen allen eine gemeinsame Grundanschauung zu eigen ist. Das vornehmste Ziel menschlichen Strebens ist die unmittelbare, intuitive Wahrnehmung des Göttlichen. Diese Wahrnehmung setzt Liebe frei, die im Sinne des Augustinischen «Ama et fac quod vis» (Liebe, und tu was dir beliebt) den einzelnen läutert, das Zusammenleben regelt und die Menschheit von Selbstsucht und Haß befreit. Die Versöhnung von Glaube und Wissenschaft, an der sein Großvater Thomas Huxley scheitern mußte, gelingt Aldous Huxley auf dem Umweg über die Mystik, die *auf direkter Erfahrung beruht, ebenso wie die Argumente der Naturwissenschaftler auf direkten Sinneswahrnehmungen beruhen*[124]. Die Mystik erbringt somit einen stets nachvollziehbaren Gottesbeweis, der über alle dogmatische Grenzen hinweg die ganze Menschheit bindet und verbindet.

Der Verkaufserlös der beiden Bücher war auf beiden Seiten des Atlantik geradezu sensationell. Auch die kritische Rezeption sparte nicht mit Wohlwollen, wenn auch eine Reihe von Rezensenten erkennen ließ, daß sie den Witz des früheren Huxley seiner nunmehrigen Weisheit vorgezogen hätten.

Das Jahr 1946 sah die Veröffentlichung von *Wissenschaft, Freiheit und Frieden (Science, Liberty and Peace)*, einer Sammlung von Aufsätzen, in

denen Huxley die der Massenvernichtung des Krieges schuldig gewordenen Wissenschaftler beschwört, sich in Zukunft nicht mehr vor den Karren gewinnsüchtiger Geschäftsleute und ehrgeiziger Politiker spannen zu lassen, sondern über die praktischen Folgen ihrer Forschungsarbeit selbstkritisch nachzudenken. Daneben arbeitete er an einer Verfilmung und einer Bühnenfassung von *Das Lächeln der Gioconda* (*The Gioconda Smile*), seiner bekanntesten Kurzgeschichte. Das Theaterstück erlebte zwei Jahre später im Londoner New Theatre mit einer neunmonatigen Laufzeit einen glänzenden Erfolg; später wurde es in Paris und am Broadway aufgeführt.

Im Februar 1947 gaben die Huxleys ihre Ranch in Llano auf – nicht zuletzt wegen einer in dieser Gegend vorkommenden Pflanze, die bei Aldous heftige Allergien hervorrief – und zogen in das Bergland der Sierra Madre, wo sie in Wrightwood, einem 2000 Meter über dem Meer gelegenen Dorf, einen Bungalow gekauft hatten. Huxley gab der Film- und Theaterversion seiner Kurzgeschichte den letzten Schliff und machte sich nach einem dreimonatigen Aufenthalt bei New Yorker

Mit Cyril Connolly, 1948

Freunden an einen Kurzroman, der die Form eines Filmdrehbuchs er-
hielt und im August 1948 unter dem Titel *Affe und Wesen* (*Ape and Essence*) der Öffentlichkeit vorgestellt wurde. In dieser Fußnote zu *Schöne
neue Welt* warnt Huxley, diesmal noch dringender, vor den Folgen wert-
freien wissenschaftlichen Forschens, indem er das apokalyptische Bild
einer amerikanischen Gesellschaft nach einem Atomkrieg entwirft, in der
man Leichen ihrer Kleidung und Wertsachen wegen exhumiert, die
durch Genschädigung deformierten Kinder im Rahmen eines alljähr-
lichen Reinigungsrituals beseitigt und Belial, den Antichrist, als höchste
Gottheit verehrt.

Im der zweiten Hälfte des Jahres 1948 unternahmen die Huxleys ihre
erste Europa-Reise nach dem Krieg. Es war eine nostalgische Suche nach
der verlorenen Zeit, die sie an die einzelnen Stationen ihres damaligen
Wanderlebens führte: Paris, Siena, Rom, Sanary, schließlich London.
Dort bat Cyril Connolly Huxley um ein Interview, in dessen Rahmen er
den nun vierundfünfzigjährigen Autor wie folgt charakterisierte: «Wenn
man sein Gesicht betrachtet, so hat man zunächst den Eindruck überra-
gender Intelligenz, was bei Künstlern allerdings nicht ungewöhnlich ist.
Auffallender und fast nur ihm zu eigen ist die Heiterkeit und Güte, die
seine Gesichtszüge ausstrahlen; man denkt nicht mehr: ‹Was für ein ge-

scheiter Mann!›, sondern ‹Was für ein guter Mensch! – ein Mensch, der im Frieden mit sich selbst lebt›.»[125]

Im April 1950 – Huxleys neue Adresse hieß inzwischen Los Angeles, 740 North Kings Road – erschienen weitere Essays: *Themen und Variationen* (*Themes and Variations*). Der Band beginnt mit Studien über Kunst: das Barock, El Greco, Piranesi und Goya. Sein Herzstück behandelt jedoch Maine de Biran, einen französischen Philosophen der Revolutions- und Restaurationszeit, der in seinem «Journal intime» den Rückzug eines sensiblen Geistes aus dem Getümmel der politischen und kriegerischen Auseinandersetzungen beschreibt und auf dem Weg analytischer Selbstbeobachtung zu allgemein psychologischen, philosophischen und mystischen Wahrheiten vorstößt. Maine de Biran sah die Voraussetzung für seine Erkenntnismethode in seinem introvertierten Temperament und labilen Gesundheitszustand, und gerade diese Wesens- und Schicksalsverwandtschaft mit sich selbst mußte es Huxley reizvoll erscheinen lassen, die Linien eines geistigen Vorfahren nachzuzeichnen. Seine ihm dabei zugute kommende Einfühlsamkeit und nuancierte sprachliche Veranschaulichung bewogen den ihm eher reserviert gegenüberstehenden Tho-

Maine de Biran

Urbain Grandier

mas Mann zu der Bemerkung, er bewundere in Huxleys Essayistik «eine feinste Blüte westeuropäischen Geistes» [126].

Von Mai bis September des Jahres weilten die Huxleys erneut in Europa, um ihre beidseitigen Verwandten zu besuchen und mit dem Verkauf ihres Hauses in Sanary sich endgültig vom alten Kontinent zu lösen.

1951 wurde Huxley von einer schweren Grippe heimgesucht. Die daraus entstehende Iritis war äußerst schmerzhaft und ließ ihn ein halbes Jahr um sein Augenlicht bangen. Trotzdem vollendete er bis zum Oktober 1952 *Die Teufel von Loudun* (*The Devils of Loudun*). Wie schon *Die graue Eminenz* ist auch dieses Buch eine biographische Studie aus dem Frankreich des 17. Jahrhunderts, darüber hinaus eine faszinierende, überaus sorgfältig dokumentierte Sittengeschichte des «grand siècle», in dem die Mächte der Beharrung sich noch kräftig gegen den cartesianischen Zweifel aufbäumten.

Urbain Grandier kommt als junger Priester nach Loudun. Der elegante, hochgebildete, weltlich-arrogante Seelsorger, der dem schönen Geschlecht auch außerhalb des Beichtstuhls seine Aufmerksamkeit zollt, versetzt mit seinen Affären und Skandalen die Ehemänner und Väter in

Angst und Zorn, die weibliche Bevölkerung dagegen in einen Gemütszu-
stand schwüler Phantasien und gehässiger Eifersüchteleien. Plötzlich pas-
siert etwas, wodurch das verschlafene Städtchen im Poitou ins grelle Licht
der Öffentlichkeit gerät: Sœur Jeanne, die Priorin des Ursulinenklosters,
behauptet, sie und ihre Nonnen seien von Teufeln besessen und Grandier
sei der Hexenmeister. Grandier muß sich in einem absurden Prozeß ver-
antworten, er wird grausam gefoltert und stirbt auf dem Scheiterhaufen.
Doch damit ist der Spuk nicht zu Ende. Die Exorzisten, die ausgeschickt
werden, um die Nonnen von den Teufeln zu befreien, steigern nur noch
deren sexuelle Wahnvorstellungen und hysterisches Geltungsbedürfnis,
so daß Loudun zu einem Wallfahrtsziel schaulustiger Reisender wird. Erst
als die heiligen Männer abziehen, verabschieden sich auch die Teufel.

Eine ausgesprochen psychopathologische Fallstudie ist die des Jesui-
tenpaters Surin. Ihm ist die Teufelsaustreibung bei der Priorin anvertraut,
die den ganzen Unfug ins Werk gesetzt hat und ihren Ruhm in vollen
Zügen genießt. Surin, der als rigoroser Dualist an die völlige Verderbtheit
und Sündhaftigkeit der Welt glaubt, der sich einredet, *daß es in der Natur
nichts gebe, was wert wäre betrachtet oder bestaunt zu werden* [127], ist nur zu
gern bereit, jede Äußerung der Teufel für bare Münze zu halten. Als tief
religiöser Mensch hat auch er mystische Momente: *Bei einer Anzahl von
Gelegenheiten waren meiner Seele Zustände von Herrlichkeiten verliehen,
und das Sonnenlicht erstrahlte unvergleichlich heller als gewöhnlich, und
dabei war es so mild und erträglich, daß es von einer anderen Art als das
natürliche Sonnenlicht zu sein schien. Einmal, als ich in einem solchen
Zustand war, ging ich in den Garten unseres Kollegiums in Bordeaux hinaus; und so stark war dieses Licht, daß es mir vorkam, als wandelte ich im
Paradies.* [128] Dann aber verschließt er sich wieder dem Wunder der Schöpfung, um durch *die eher betrüblichen Lehrsätze seines Glaubens* das Reich
Gottes zu gewinnen. *Es hätte sich gar keine sicherere Methode, die unend-
liche Güte auszuschließen, erfinden lassen.* [129] Die Folge ist, daß er selbst in
jahrelange Besessenheit verfällt, bevor er dann doch sein Leben in Erleuchtung beschließt.

Bezeichnend für Huxleys Bemühen, mystische Esoterik rationalistisch
zu verarbeiten – ganz im Sinne von Heinrich Manns Beobachtung, «daß
äußerste Intellektualität sich... in Mystik verwandelt, oder auch, daß
Mystik etwas zu Denkendes ist» [130] –, sind seine Gedanken über das Wesen
der Selbsttranszendenz. Davon ausgehend, daß *die Menschen immer und
überall die radikale Unzulänglichkeit ihrer persönlichen Existenz empfunden haben, das Elend, ihr abgegrenztes, isoliertes Selbst zu sein und nicht
etwas anderes, etwas Umfassenderes* [131], nennt er drei Arten der Selbstüberschreitung: erstens eine abwärts gerichtete, die durch Trunksucht,
Rauschmittel, «rhythmische» Musik (welche Vorahnung!), wahllose Ge-
schlechtsbefriedigung und schließlich durch das Herdengift des Massen-
wahns hervorgerufen wird, wobei der Massenwahn politischer oder,

wie im Falle der Ursulinen, religiöser Natur sein kann; zweitens die horizontale Selbstüberschreitung, die sich in ehelicher Liebe, Kindererziehung, Beruf, Patriotismus und anderen Formen des Idealismus manifestieren kann. (*Horizontale Selbsttranszendenz ist von allergrößter Bedeutung. Ohne sie gäbe es keine Kunst, keine Wissenschaft, kein Recht, keine Philosophie, ja, wahrhaftig keine Kultur. Aber es gäbe auch keinen Krieg ... keine systematische Intoleranz, keine Verfolgung Andersartiger oder Andersgläubiger. Diese großen Güter und diese ungeheuren Übel sind die Früchte der menschlichen Fähigkeit zu vollständiger und beständiger Selbstidentifikation mit einer Idee, einem Gefühl, einem Zweck. Wie können wir das Gute ohne das Böse haben, eine hohe Kultur ohne Bombenteppiche oder die Ausrottung religiöser und politischer Ketzer? Die Antwort ist: Wir können sie nicht haben, solange unsere Selbstüberschreitung eine nur waagrechte bleibt.*[132]); drittens die aufwärts gerichtete Selbsttranszendenz, die die Hingabe des Menschen an noch so erhabene Ersatzgottheiten mit dem Urgrund alles Seins verknüpft und damit verhütet, daß *das erzielte Gute immer mit gegengewichtigem Bösen verquickt ist*[132].

Das Buch wurde von der Kritik nicht nur seiner historischen Treue, sondern auch seiner brillanten sprachlichen Darstellung wegen gelobt und bewundert. Außerdem brachte die Verfilmung unter dem Titel *Die Teufel* in einem Jahr mehr Geld ein als Huxley zeit seines Lebens an den Tantiemen aller seiner Bücher verdiente. Im Jahre 1961 schrieb der begabte Bühnenautor John Whiting (1918–63) in Anlehnung an Huxleys Roman das Theaterstück «Die Teufel», das in London und Berlin mit großem Erfolg aufgeführt wurde.

Im Frühjahr 1953 bewarben sich die Huxleys, hauptsächlich auf Drängen ihres Sohnes, um die amerikanische Staatsbürgerschaft. Matthew, der 1943 – krankheitshalber nur vorübergehend – im Sanitätskorps der Armee gedient hatte, war schon 1945 US-Bürger geworden; im übrigen hatte er 1950, nach Absolvierung eines Medizinstudiums, eine Ehe geschlossen, aus der im Jahr darauf ein Sohn – auf Aldous' Wunsch Marc Trev(enen) getauft – und nach weiteren zwei Jahren eine Tochter, Tessa, hervorgingen.

Nun, im November 1953, waren seine Eltern an der Reihe, sich einer behördlichen Staatsbürgerprüfung zu unterziehen, deren Bestehen nicht nur englische Sprachkenntnisse, sondern auch Vertrautheit mit der amerikanischen Geschichte und Verfassung voraussetzte. Nachdem Aldous und Maria die eigentliche Prüfung spielend geschafft hatten, wurde ihnen ein Fragebogen vorgelegt, der unter anderem folgende Fragen enthielt: «Sind Sie bereit, in den Streitkräften der Vereinigten Staaten mit der Waffe in der Hand zu dienen?» und «Sind Sie bereit, in den Streitkräften der Vereinigten Staaten waffenlosen Dienst zu leisten?». Die gesetzliche Möglichkeit, auch als Kriegsdienstverweigerer Staatsbürger zu werden, war 1952 – der Senator McCarthy bestimmte inzwischen, wer oder was amerikanisch war – dahingehend eingeengt worden, daß nur noch religiöse Gründe der Verweigerung anerkannt wurden. Huxley verneinte beide Fragen, machte jedoch, nach einem humorvollen Hinweis auf seine 59 Jahre, nur philosophische Gründe geltend, da seine eigene Definition von Pazifismus an keine religiöse Lehre oder kirchliche Autorität gebunden sei. Der Richter versuchte mit der Anregung, er möge seine Philosophie als Ausfluß religiöser Überzeugungen auslegen, ihm goldene Brücken zu bauen, doch Huxley war weder dadurch noch durch Zureden Marias von seinem Standpunkt abzubringen. So kam es, daß sein Einbürgerungsantrag weder angenommen noch abgelehnt wurde: die Sache wurde auf die lange Bank geschoben und schließlich in irgendeiner Schublade vergessen.

Aldous Huxley nahm das Scheitern seines Versuchs, Amerikaner zu werden, sehr ernst. Er fürchtete, man könnte ihm, der gerade eine Vortragstournee in Europa plante, Schwierigkeiten machen oder als Ausländer gar die Rückreise verwehren, ja, er trug sich mit dem Gedanken, unter Umständen seiner Wahlheimat den Rücken zu kehren.

Aber dann wurden all diese Bedenken von einer viel ernsteren Sorge überschattet: Maria war krank. Anfang 1952 hatte sie sich operieren lassen; eine Zyste in der Brust war als bösartig erkannt worden. Und jetzt, im Dezember 1953, verschlimmerte sich das Leiden.

Alle herkömmlichen Behandlungsmethoden wirkten nur vorübergehend, so daß Huxley auch unorthodoxe Mittel wie Hypnose und Akupunktur zu seinen Verbündeten machte. Am 7. April 1954 brach er mit Maria zu einer großen Seereise nach Europa und dem Nahen Osten auf, für Maria ein Anlaß, von den Verwandten und Freunden in der alten Welt Abschied zu nehmen. Am 21. August traten sie auf Anraten eines Pariser Krebsspezialisten eilig die Heimreise an, die Krankheit hatte offensichtlich ihr letztes Stadium erreicht. Im Gegensatz zu Aldous, der sich, wie aus seinen Briefen hervorgeht, immer noch Illusionen machte, wußte Maria, wie es um sie stand, aber sie bangte mehr um Aldous' Zukunft als um ihr eigenes Schicksal und brachte es fertig, die volle Wahrheit bis fast zuletzt von ihm fernzuhalten. Als eine erneute Strahlenbehandlung in der Klinik fehlschlug, nahm Huxley sie zum Sterben nach Hause. Während der letzten fünf Tage ihres Lebens – sie starb am 12. Februar 1955 – war er ständig um sie. Mit unendlicher Zärtlichkeit versuchte er, auch als sie nicht mehr zu hören schien, ihr mit einer persönlich abgestimmten Form des «Tibetanischen Totenbuches» die letzten Stunden zu erleichtern: *Das Licht war das Element gewesen, in dem ihre Seele gelebt hatte, und deshalb bezogen sich alle meine Worte auf das Licht. Ich erinnerte sie zunächst an die Wüste, die sie so geliebt hatte, an das unermeßliche, kristallene Schweigen, den sich wölbenden Himmel, die schneebedeckten Berge, an deren Fuß wir gelebt hatten. Ich forderte sie auf, den Blick ihrer Erinnerung auf den Wüstenhimmel zu richten und sich ihn als das blaue Licht des Friedens vorzustellen, mild und doch stark, sanft und dennoch unwiderstehlich in seiner begütigenden Kraft. Und jetzt, sagte ich, ist es Abend in der Wüste, die Sonne geht unter. Der Himmel oben ist von tieferem Blau als zu jeder anderen Stunde. Aber im Westen ist ein großer goldener, sich rötlich färbender Schein: das goldene Licht der Freude, das rosige Licht der Liebe. Und im Süden erheben sich die Berge, schneebedeckt und im weißen Licht des reinen Wesens erglühend – dem weißen Licht, von dem die farbigen Lichter abstammen, dem Licht des absoluten Wissens, das sich in Liebe, Freude und Friede manifestiert und in dem sich der ganze Dualismus unserer Lebenserfahrung, alle Gegensätze zwischen Positivem und Negativem, Gutem und Bösem, Lust und Schmerz, Gesundheit und Krankheit, Leben und Tod versöhnen und einswerden... Die letzte Stunde saß oder stand ich neben ihr, die linke Hand auf ihrem Kopf und die rechte in ihrer Magengrube. Zwischen zwei Rechtshändern scheint dieser Kontakt eine Art Lebensstrom fließen zu lassen. Auf ein unruhiges Kind, einen kranken oder müden Erwachsenen, scheint dieser Stromkreis irgendwie beruhigend und erfrischend zu wirken. Und das bewährte sich auch in diesen extremen Augenblicken. Der Atem ging ruhiger, und ich hatte den Eindruck, daß eine gewisse Erleichterung eintrat. Ich setzte meine Einflüsterungen und Mahnungen fort: «Laß alles los, laß alles los! Vergiß den Körper, laß ihn hier liegen, er hat jetzt keine Bedeutung. Geh voran in das Licht! Laß dich in das Licht hineintragen! Schau nicht zurück, bedauere nichts, ängstige dich nicht um deine oder eines anderen Zukunft! Nur das Licht. Nur dieses reine Licht, diese Liebe, diese Freude. Vor allem dieser Friede. Friede in diesem zeitlosen Augenblick, Friede jetzt, Friede!» Als sie gegen sechs Uhr zu atmen aufhörte, war es ohne jeden Kampf.*[134]

Der Verlust Marias, die ihm nicht nur liebende Gefährtin, sondern zugleich Chauffeuse, Sekretärin, Gastgeberin und oft genug auch Pflegerin gewesen war, traf Huxley nach seinen eigenen Worten wie eine grausame Amputation. Und dennoch erlahmte seine geistige Regsamkeit und Spannkraft nicht. Im Juni 1955 erschien das letzte Buch, dessen Druckfahnen Maria gelesen hatte: *Das Genie und die Göttin* (*The Genius and the Goddess*). Vieles an diesem Roman erweckt zunächst den Eindruck des «déjà vu». Ein Dreieck aus altem Ehemann, junger Gattin und jungem Liebhaber schürzt die Handlung: Henry Maartens, der alternde Atomphysiker und Nobelpreisträger, dessen abstraktes, unorganisches Gehirn Elementarkräfte der Zerstörung ersinnt, ihn aber nicht befähigt, zu Frau und Kindern menschlich bereichernde und beglückende Beziehungen zu unterhalten; sein Assistent John Rivers, ein puritanisch erzogener junger Mann, der bewundernd zu ihm aufblickt und auch dann, als er seine Mängel erkennt, ihn nicht mit seiner Frau betrügen will, die er selbst heimlich liebt und von der er sich geliebt weiß. Katy, die Göttin ungebrochener Naturverbundenheit, die aus jeder Umarmung des dann doch ihren Reizen erliegenden Jungen neue Kräfte schöpft, erdhafte und heilende Kräfte, die sie an den seelisch verkrüppelten Ehemann weitergibt.

All das klingt bekannt. Auch der schrilltönende Ausklang des Romans – Katys herrlicher Körper wird bei einem Autounfall zerfetzt und in seinem jämmerlichen Zustand bis ins kleinste beschrieben – erinnert an ähnlich grausige Begebenheiten früherer Romane, in denen das Fleisch über den Geist obsiegt. Was dagegen als neu gelten darf ist die Wärme, mit der Katys Wesen geschildert wird, ist ein fast demütiger Verzicht auf jede Ironisierung des Liebesverhältnisses, der einen Kritiker fast gerührt kommentieren läßt: «Zum erstenmal haben wir den Eindruck, daß Aldous Huxley nicht clever sein wollte.»[135] Mit dieser genußreich zu lesenden Erzählung beendete Huxley seine Laufbahn als Romancier – sein Schlußwerk *Eiland* hat zwar die Figuren und Handlungselemente eines Romans, ist aber eher als Traktat zu bezeichnen. In einem gefälligen Umfang von etwa 150 Seiten – verzichtet wird diesmal auf Nachwort, Tagebucheinschübe und längere philosophische Abschweifungen – gelang ihm dank einer geschickt gewählten Erzählstruktur eine Synthese von einst und jetzt: Er läßt Rivers seine eigene Liebesgeschichte erzählen, eine Verherrlichung der Sinnenmystik, wie sie Huxley nur dank seiner 29 Jahre zurückliegenden Begegnung mit D. H. und Frieda Lawrence gelingen konnte, doch aus der Art, wie Rivers erzählt – 30 Jahre nach den Ereignissen, in einem abgeklärten Dialog mit einem Jugendfreund –, kann man erraten, daß auch er zu denen gehört, die über Welt und Zeit und sich selbst hinausgewachsen sind.

Pforten der Wahrnehmung

Am 6. Mai 1953, wenige Monate vor seinem 60. Geburtstag, unterzog sich Huxley einem Experiment, dessen Faszination ihn bis zu seinem Lebensende nicht mehr loslassen sollte. Während Maria, die auch in der Hinwendung zur Mystik seine Partnerin und Weggefährtin war, mehrfach, besonders einmal in der Mojave-Wüste, ekstatische Zustände erlebte, war es ihm nie gelungen, sich mit dem Übersinnlichen in Verbindung zu setzen. Waren die *zwanzig Tonnen rationales Denken* daran schuld, unter denen er schon als Denis Stone in *Eine Gesellschaft auf dem Lande* gestöhnt hatte? Jedenfalls war er nun entschlossen, unter Anleitung des jungen englischen Nervenarztes Dr. Humphrey Osmond und im Beisein Marias das Äußerste zu versuchen, um «die Pforten der Wahrnehmung» (Blake) zu reinigen. *So kam es, daß ich an einem schönen Maimorgen vier Zehntelgramm Meskalin, in einem halben Glas Wasser aufgelöst, schluckte und mich dann hinsetzte, um die Wirkung abzuwarten.*[136]

Aldous Huxley hatte sich literarisch mehrfach mit dem Phänomen der Droge auseinandergesetzt. In *Schöne neue Welt* ist die Droge das niederträchtigste Mittel im Arsenal der Herrschenden, um die Menschen ihrer Würde zu berauben (freilich ist das Soma mit seiner all-round-Wirkung als Glückspille, Halluzinogen und Narkotikum eine freie Erfindung des Autors). Noch im Nachwort zu *Die Teufel von Loudun* werden Drogen als Schlüssel einer abwärts gerichteten Selbsttranszendenz abgetan. Nun aber, nachdem Huxley sich intensiv mit vergleichender Religionswissenschaft beschäftigt hatte und auf Schritt und Tritt dem Phänomen der Ekstase durch Berauschung begegnet war, modifizierte er vorsichtig seine Meinung. So wie bei den Indianern Lateinamerikas nur eine rituell reine, das heißt durch Fasten und Beten vorbereitete Person, befugt und befähigt war, eine bewußtseinsverändernde Droge als Mittel religiöser Erfahrung zu nehmen, so, folgerte er, könnte man durch eine innere Haltung der Ehrfurcht und Ehrlichkeit die Abwärts- in eine Aufwärtstendenz verwandeln; im übrigen glaubte er sich seinen experimentellen und literarischen Vorläufern Thomas de Quincey («Confessions of an English Opium Eater», 1822) und Charles Baudelaire («Les Paradis artificiels», 1860) insofern weit überlegen, als er in der Wahl seiner Mittel behutsamer war, behutsamer sein konnte; denn inzwischen waren Substanzen bekannt geworden, die sich als viel weniger toxisch und dabei weit effektreicher erwiesen als die schwer narkotisierenden, zur Sucht versklavenden Gifte des 19. Jahrhunderts. Die wichtigsten dieser von Huxley und Dr. Osmond auf den Namen «psychedelisch» getauften Drogen sind das Meskalin (aus dem mexikanischen Peyote-Kaktus), das Psilocybin (aus mexikanischen Pilzen) und das LSD, eine halbsynthetische, aus Lysergsäure hergestellte Substanz. Über die Schädlichkeit dieser Rauschmittel herrscht auch heute noch keine volle Übereinstimmung. Huxley jedenfalls war, wie aus seinem Erfahrungsbericht *Die Pforten der Wahrnehmung* (1954) hervorgeht, fest davon überzeugt, daß Meskalin für einen durchschnittlich gesunden Menschen *völlig unschädlich ist, daß seine Wirkungen sich nach acht bis zehn Stunden verlieren, keinen Katzenjammer hinterlassen und daher auch kein Bedürfnis nach einer Erneuerung der Dosis wecken*[137]. Überdies hoffte er den wissenschaftlichen Nachweis zu erbringen, daß, wenn einmal die Pforten der Wahrnehmung auf chemischem Weg geöffnet wären, sie sich durch Hypnose oder Autosuggestion erneut frei machen ließen.

Eineinhalb Stunden nach Einnahme der Droge saß Huxley in seinem Arbeitszimmer und war zunächst verwundert, nichts von all dem zu sehen, was er sich erwartet hatte; keine Gesichter oder Gestalten, keine Landschaft, keine zauberhafte, sich verändernde Kulisse von Gebäuden. *Die «andere» Welt, in die das Meskalin mich einließ, war nicht die Welt der Visionen.*[138] Statt dessen erlebte Huxley, wie sich das Licht und die Farben intensivierten, wie die Objekte seiner Zimmereinrichtung, denen er sonst kaum Beachtung schenkte, an Wirkung und Bedeutung gewannen. Die Bücher an den Wänden erglühten in leuchtenden Farben: *Rote Bücher gleich Rubinen; smaragdene Bücher in weißen Jade gebunden; Bücher von Achat, von Aquamarin, von gelbem Topas, von Lapislazuli, deren Farben alle so intensiv, so zuinnerst bedeutungsvoll waren, daß sie nahe daran zu sein schienen, die Fächer zu verlassen, um sich meiner Aufmerksamkeit noch eindringlicher bemerkbar zu machen.*[139] Auch die Blumen in der kleinen Glasvase leuchteten in *ihrem eigenen, inneren Licht* und bebten *unter dem Druck der sie erfüllenden Bedeutung*, sie erschienen als *eine Vergänglichkeit, die dennoch ewiges Leben war, ein unaufhörliches Vergehen, das gleichzeitig reines Sein war, ein Bündel winziger, eigenartiger Besonderheiten, in denen durch ein unaussprechliches und doch selbstverständliches Paradoxon der göttliche Ursprung alles Daseins sichtbar wurde.*[140]

So schildert Huxley eine «kognitive» Bewußtseinserweiterung, kognitiv in der Bedeutung, daß der ihr teilhaftig Werdende die erstarrten Symbole, mit denen wir gewöhnlich die Dinge gleichsetzen, durchschaut und den schöpferischen Wurzelgrund der Dinge selbst, ihre «Istigkeit» (Meister Eckart) entdeckt. Dann aber trat der Experimentator auf die Ter-

Zu Dantes «Inferno». Holzschnitt von Gustave Doré

rasse hinaus und sein Blick fiel auf den Liegestuhl, auf dessen Leinwand-
bespannung die durch das Lattendach gefilterten Sonnenstrahlen eine
Lichtwirkung wie von blauem Feuer hervorriefen. Diesem *Liegestuhl gegenüber*, berichtet er, *der aussah wie das Jüngste Gericht – oder, genauer
gesagt, einem Jüngsten Gericht gegenüber, das ich nach langer Zeit und mit
beträchtlicher Schwierigkeit als einen Liegestuhl erkannte –, merkte ich
plötzlich, daß ich mich auf der Schwelle zur Panik befand. Dies, so fühlte
ich auf einmal, ging denn doch zu weit. Es ging zu weit, obgleich es ein
Eindringen in intensivere Schönheit, tiefere Bedeutung darstellte. Die
Furcht, wenn ich sie nun nachträglich analysiere, galt einem Überwältigt-
werden, einem Zerfallen unter einem Druck der Wirklichkeit, der so stark
werden könnte, daß ein Geist, der es gewohnt war, sich die meiste Zeit in*

Dante. Bildnis aus dem Codex Palatinus, 15. Jhd.

einer Welt von Symbolen heimisch zu fühlen, ihn unmöglich ertragen konnte...

Mit diesem so dramatisch erlebten und geschilderten Furchterlebnis wird die Grenze vom Kognitiven zum Halluzinatorischen überschritten. Huxley deutet seine Vision metaphysisch, nämlich als Kapitulation des sich in Ichsucht abgrenzenden Menschen vor der Gewalt und dem Anspruch der göttlichen Gegenwart, und fährt fort: *Etwas nahezu Identisches findet sich im «Tibetanischen Totenbuch», in dem beschrieben wird, wie die abgeschiedene Seele in höchster Qual vor dem klarem Licht der großen Leere und sogar vor den kleineren, weniger hellen Lichtern zurückscheut und sich kopfüber in das tröstliche Dunkel des Daseins als Selbst zurückstürzt...*[141]

Wenn diese schon vom Stilistischen her leicht identifizierbare Parallele zwischen Drogenvision und Bardo-Geschehen auch leicht forciert anmutet, so bezeugt sie doch, daß Huxley seine Hoffnung erfüllt, sein Experiment gerechtfertigt fand: die Pforten der Wahrnehmung waren gereinigt, metaphysisch Verborgenes enthüllte sich für kurze Augenblicke dem sehend gemachten Auge.

Noch ein anderes Mal, in seinem langen Essay *Himmel und Hölle* (*Heaven and Hell*) aus dem Jahre 1956, untermalt Huxley die Beschreibung der negativen Vision mit Stimmungsmotiven der Bardo-Heimsuchung: *Wenn das visionäre Erlebnis schrecklich und die Welt zum Schlechteren hin verändert ist, wird die Individualisierung verstärkt, und der negative Visionär sieht sich mit einem Körper verbunden, der immer undurchdringlicher zu werden scheint, sich immer praller füllt, bis er sich schließlich darauf reduziert fühlt, das gequälte Bewußtsein eines verdichteten Klumpens Materie zu sein, der nicht größer ist als ein Stein, den man in den Händen halten kann.* [142]

Unter dem vielsagenden Hinweis auf das Inferno aus Dantes «Die göttliche Komödie», in dem die Sünder meist auch durch Zusammengepreßtwerden in Steinmassen, Baumstämmen und Eisblöcken bestraft werden, kommt er zu dem Schluß, daß die Hölle psychologisch wahr sei und schon zu Lebzeiten von denen erlebt werde, die unter ungünstigen Stimmungsvorzeichen wie Zorn, Furcht und Haß ihre mystische Reise antreten.

Wie erklärt sich eine so verblüffende Übereinstimmung zwischen angelesener Vorkenntnis und bestätigendem Experiment? Der Verdacht liegt nahe, daß der so um Wissenschaftlichkeit bemühte Proband Opfer seines eigenen Wunschdenkens geworden ist, das ihm in den Projektionen vertraut gewordener Vorstellungen empirisch erhärtete Beweise vorgaukelte. Dazu Stellung nehmend weist Hans Küng allerdings auf die Unerläßlichkeit einer visionären Vorprägung hin: «Mit keiner Methode läßt sich eine von allen Deutungsstrukturen ‹reine› Mystik gewinnen, wie man kein ‹reines› Kristall ohne Kristallstrukturen gewinnen kann.» [143]

Noch eine weitere Parallele zieht Huxley in seinem Erfahrungsbericht von 1954, eine Parallele, die wenig geeignet ist, den Leser von der «völligen Unschädlichkeit» pforteneinigender Chemie zu überzeugen. Er stellt dem Horror-Trip und den Qualen der unerlösten Seele eine gefürchtete Geißel der Menschheit zur Seite: die Schizophrenie. In ihr glaubt er die Bedrängnis eines Gemüts zu erkennen, das dem ungemilderten Aufprall höherer Wirklichkeit ausgeliefert ist, das dem Licht aus dem All nicht die schützende Atmosphäre einer landläufig-platten Vernunft entgegenhalten kann: *Der Schizophrene gleicht einem Menschen, der dauernd unter dem Einfluß von Meskalin steht und daher nicht imstande ist, das Erleben einer Wirklichkeit auszuschalten, mit der zu leben er nicht heilig genug ist.* [144]

Aldous Huxley, der sich schon immer brennend für die Erforschung der

Franz von Assisi. Fresko, Cimabue zugeschrieben

Psyche interessiert hatte und regen Verkehr mit zahlreichen Fachleuten pflegte, stellt die Möglichkeit zur Debatte, in die therapeutische Ansprache des psychisch Gestörten Elemente der Bardo-Beschwörungen zu übernehmen, mit denen der buddhistische Mönch die taumelnde Seele des Sterbenden zu leiten versucht: *Es muß nur eine Stimme da sein, die ihnen bei Tag und sogar während des Schlafs versichert, daß trotz all der Schrecken, all der Bestürzung und Verwirrung, die letzte Wirklichkeit unerschütterlich bleibt und von derselben Substanz ist wie das Innere Licht des Gemüts, sei es auch noch so grausam gemartert.*[145]

Öfter und ausführlicher geht Huxley natürlich auf seine positiven Drogenerfahrungen ein, zum Beispiel in zwei Briefen, die er am 24. Oktober bzw. 23. Dezember 1955 – Maria war inzwischen gestorben – an Dr. Os-

mond richtete. Der erste Versuch stand unter der wissenschaftlichen Leitung einer Psychotherapeutin, die im Jahr darauf Huxleys zweite Frau werden sollte. Sein Ziel war es, das Erinnerungspalimpsest eines einundsechzigjährigen Lebens Schicht für Schicht abzulösen und dabei in die Bereiche der frühen Kindheit einzudringen. Dies mißlang. *Statt dessen fand etwas von unvergleichbar größerer Bedeutung statt, denn was durch die geschlossene Pforte auf mich zukam, war das Gewahrwerden – nicht das Wissen, denn es war weder abstrakt noch in Worte zu fassen – das unmittelbare, totale, sozusagen aus dem Innern kommende Gewahrwerden der Liebe als der elementaren, grundlegenden kosmischen Wahrheit.*[146]
Es kam also zu einem durch und durch mystischen Erlebnis, zu einer Begegnung mit dem Heiligen. Huxley berichtet im folgenden, wie es ihm unter der überwältigenden Gnade der Erleuchtung wie Schuppen von den Augen fiel: Plötzlich leuchtete ihm ein, wie der heilige Franziskus einen Aussätzigen küssen konnte, stand diese Geste, die er früher als ruhmsüchtig und scheinheilig abgelehnt hatte, doch lediglich für das Überwallen einer neuen Wahrheit in einem alten Gefäß! Auch das Sterben wurde weniger rätselhaft: es war sicher so ähnlich wie dieses Einmünden aus enger Subjekt-Objekt-Beziehung in die Weite der kosmischen Wahrheit. Für die zweite Sitzung benutzte Huxley, diesmal gemeinsam mit Gerald Heard und einem weiteren Freund, das viel stärkere LSD. Wieder tauchte er in überströmende, ekstatische Liebe ein, begriff er, daß trotz Not und Tod die Weltordnung gerecht, das Leben heilig ist. Die Probanden legten Bachs «b-Moll-Suite» und «Das musikalische Opfer» auf und lauschten einer Musik, die sich ihnen als *Manifestation eines unaufhörlichen Schöpfungsaktes*, als *Beweis für die Notwendigkeit des Todes und die Selbstverständlichkeit der Unsterblichkeit*, als *Ausdruck der wesentlichen Vollkommenheit des Universums* zu erkennen gab.[147]

Auch in späteren Briefen und Vorträgen sprach Huxley immer wieder von den gleichen beglückenden Erfahrungen: der völligen Entgrenzung des Ich; der tief empfundenen Dankbarkeit, in einem so wunderbaren Universum leben zu dürfen; dem Mitgefühl für diejenigen, die sich dieser Wirklichkeit verschließen; der Zuversicht, daß wenigstens ein Teil des Geschauten als Erinnerung in die Zukunft hineinwirken werde.

Aldous Huxley war überzeugt, daß es im Kern nur eine einzige mystische Erfahrung gebe, daß Mystik immer und überall zu gleichartiger Erleuchtung geführt habe, ohne Unterschied, ob meditierende Jogis, tanzende Derwische oder büßende Mönche sie praktizierten. Warum sollte ein von westlicher Zivilisation angewiderter Intellektueller davon ausgeschlossen sein? Nur weil er einen früher noch nicht vorhandenen Abkürzungsweg benutzte? Huxley war viel zu stark in naturwissenschaftlichen Denkkategorien befangen, als daß er nicht versucht hätte, die Droge als Schrittmacher mystischer Erfahrung zu rechtfertigen. In einem Vortrag über *Visionary Experience* (*Visionäre Erfahrungen*)[148], den er 1961 vor dem Internationalen Psychologenkongreß in Kopenhagen hielt, faßt er seine Untersuchungen darüber zusammen, wie es überhaupt zu Visionen kommt. Er geht vom Begriff des spontanen Zugangs aus, der nur wenigen Auserwählten vom Schlag eines William Blake offensteht. Menschen wie ihm und anderen visionären Künstlern gelingt es, zwischen beiden Welten mühelos hin und her zu wandern; bei vielen von ihnen wandelt sich erlebte Vision in kreative Werkinspiration, wodurch sie im Sinne des «poeta vates» zu Kundschaftern und Kündern zugleich werden. Auch das Kind besitzt häufig den spontanen Zugang zur anderen Welt, bis nach den Worten des von Huxley immer wieder zitierten Natur- und Kindheitslyrikers William Wordsworth «der Glanz und die Frische eines Traums» zum «Licht des gewöhnlichen Tages verblaßt».[149] Eine dritte Gruppe von Menschen, die spontane Wahrnehmungen machen, sind die Sterbenden, eine Aussage, für die Huxley erstmals veröffentlichtes statistisches Material geltend macht. (Umfangreichere Forschungsberichte wie die von Dr. Elisabeth Kübler-Ross und anderen erschienen erst nach seinem Tod.)

Alle anderen Zugänge bezeichnet Huxley als induziert. Da ist zunächst der Zugang über die «sensorische Verarmung». Ihn haben seit Jahrtausenden Anhänger aller großen Religionen benutzt, wenn sie die Wildnis aufsuchten, um sich durch Begrenzung oder völlige Ausschaltung aller äußeren Sinnesreize dem Lockruf der anderen Welt auszusetzen. Besonders die Wüste galt von alters her als der Ort, der Gott am nächsten ist, den allerdings auch die Teufel bevorzugen, wovon die Versuchungen des heiligen Antonius beredte Kunde geben. Noch massiver induzierend erscheinen Huxley die verschiedenen Praktiken des Büßers. Er zählt sie der Reihe nach auf und bringt sie zum Zweck ihrer Entmythologisierung auf einen gemeinsamen wissenschaftlichen, ja chemischen Nenner: 1. das in allen Kulturen und Religionen praktizierte Fasten: ein künstlich herbeigeführter Mangel an Vitaminen oder Kalorien, der den Metabolismus nachhaltig beeinflußt und dadurch auch in psychische Vorgänge eingreift; 2. das aus der Bibel zur Genüge bekannte Wachen: ein selbstauferlegter Schlafentzug, der unmittelbar über das zentrale Nervensystem psychische Feinschwankungen und Umstimmungen begünstigt; 3. die in Indien entwickelten, doch auch in der griechisch-orthodoxen Kirche angewandten Atemübungen: eine meist durch längeres Anhalten des Atems erzeugte Überschwemmung des Bluts mit Kohlendioxid, die in einen Zustand verminderter intellektueller Wachsamkeit versetzt; 4. die in den mittelalterlichen Klöstern verbreitete Selbstgeißelung: eine plötzliche Ausschüttung großer Mengen von Adrenalin und Histamin, die, wie auch die Zerfallsprodukte der eiternden Wunden, die Bewußtseinslage tiefgreifend verändern.

Gemessen an diesen biochemisch bedingten Bewußtseinsveränderungen nimmt sich Huxleys Zuhilfenahme chemischer Mittel gar nicht mehr so abwegig, geschweige denn verdammenswert aus. Dem ethischen Einwand des Alles-Für-Nichts-Haben-Wollens begegnet er mit dem Argument, daß nur der sittlich an sich arbeitende Mensch den Segen psychedelischer Drogen erfahre. Ein bis zwei Sitzungen pro Jahr seien überdies genug, um als geistig-seelische Hygiene den modernen Menschen von ideologischer Verschmutzung wie auch von der Aggressivität und den Sachzwängen seiner Umgebung zu reinigen. Huxley konnte die von weiten Kreisen geteilte Ablehnung seiner Empfehlungen nicht verstehen: *Wie merkwürdig, daß Belloc und Chesterton das Lob des Alkohols singen dürfen (der für ungefähr zwei Drittel aller Autounfälle und drei Viertel aller Gewaltverbrechen verantwortlich ist) und als gute Christen und feine Kerle angesehen werden, während jemand, der es wagt darauf hinzuweisen, daß es vielleicht noch andere und weniger schädliche Abkürzungswege zur Ich-Transzendenz gibt, wie ein gefährlicher Drogenteufel und gottloser Verführer der schwachköpfigen Menschheit behandelt wird!*[150]

In dem gegen Huxley anschwellenden Protestchor wurde immer wieder der Vorwurf laut, er verharmlose die gesundheitlichen Gefahren der Droge, wobei allerdings außer acht blieb, wie selten und zweckgebunden er sich ihren Gebrauch vorstellte. Doch auch andere Befürchtungen wurden geäußert: Der ins Belieben des einzelnen gestellte Trip verführe dazu, aus der Gesellschaft mit all ihren Fesseln und Forderungen auszusteigen und sich an ihrem Rand durchs Leben zu schmarotzen. Kein Geringerer als Thomas Mann verurteilte Huxleys Herbeiführung eines Zustands, «in dem alles Menschliche mir gleichgültig wird und ich gewissenlosem ästhetischen Selbstgenuß verfalle» und nannte *Die Pforten der Wahrnehmung* ein «verantwortungsloses Buch, das nur zur Verdummung der Welt und zu ihrer Unfähigkeit beitragen kann, den todernsten Fragen der Zeit mit Verstand zu begegnen».[151]

Ist dieser Vorwurf berechtigt? War es Eskapismus, der den weltoffenen, auf die Menschen zugehenden Mahayana-Buddhisten zur Droge greifen ließ? Eine Tonbandaufzeichnung anläßlich einer Psilocybin-Sitzung spricht eine andere Sprache: *Wieder und wieder! Niemand darf sich der Liebe und Arbeit entziehen, nicht einmal aus einer unbefriedigenden Gesellschaft in die persönliche, ausschließliche Sicherheit des Reinen Lichts ausbrechen – weder mit noch ohne psychedelische Substanzen.*[152] Wenn Ende der sechziger Jahre Teile der Jugend die Droge als Mittel der gesellschaftlichen Verweigerung einsetzten und sich dabei auch auf Huxley beriefen, so hatten sie ihn entweder nicht verstanden oder sie mißbrauchten zugleich mit der Droge auch seinen Namen.

An der Gretchenfrage, ob die Droge als Eintrittskarte in jenseitige Bezirke dem heißen Ringen um religiöse Erleuchtung gleichgestellt werden kann, scheiden sich die Geister noch heute. Krishnamurti, Huxleys langjähriger Freund, sagte sich zeitweilig von ihm los, als er von seinem Meskalin-Experiment erfuhr, und der Oxforder Religionswissenschaftler R.C. Zaehner warf Huxley in seinem Buch «Mysticism, Sacred and

Profane» (1957), vor, sich in eine morbide Scheinmystik verrannt zu haben, was ihm wiederum Küngs Tadel einbrachte, er argumentiere «als römisch-katholischer Konvertit allzu dogmatisch»[153].

Da die Mystik sich rationalem Denken entzieht, und folglich ihr Begriff nicht eindeutig zu definieren ist, lohnt es sich hier nicht, auf dieses Thema weiter einzugehen.

Der Weise

Aldous überlebte Maria um fast neun Jahre. Er hatte ihren Tod mit großer Fassung getragen, aber seine Freunde hatten sich Sorgen um den Wit-
wer gemacht, den seine Sehbehinderung und prekäre gesundheitliche
Verfassung den tausend Widerwärtigkeiten des Alltags gegenüber besonders verwundbar machten. Um so erstaunter war man, als er sich ein Jahr
nach Marias Tod, am 19. März 1956, wiederverheiratete. Seine zweite
Frau, zwanzig Jahre jünger als er selbst, hieß Laura Archera, war Italie-
nerin, hatte den Beruf einer Konzertviolinistin ausgeübt und sich später
zur Psychotherapeutin ausbilden lassen. Mit Maria hatte sie herzliche
Freundschaft verbunden, und es gibt Anhaltspunkte dafür, daß die tod-
kranke Maria 1954, bei einem Zwiegespräch beider Frauen in Rom,
Laura für die Rolle ihrer Nachfolgerin zu gewinnen versuchte.[154]

Die Hochzeit fand, um dem kalifornischen Amtsschimmel ein Schnipp-
chen zu schlagen und – was jedoch mißlang – die Reporter irrezuführen,
in einer Drive-in-Hochzeitskapelle in Yuma, dicht hinter der Staats-
grenze zu Arizona, statt. Danach bezog das Paar ein Haus in der waldrei-
chen Umgebung von Hollywood (3276 Deronda Drive), und Aldous begann an seinem letzten großen Buch zu arbeiten.

Das Jahr 1957 verlief verhältnismäßig ruhig. Huxley verbrachte die
zweite Hälfte in New York, um *Das Genie und die Göttin* auf die Bühne zu
bringen, aber der Broadway-Erstaufführung am 10. Dezember war kein
großer Erfolg beschieden.

Im Jahre 1958 wurde der Autor vom Staatspräsidenten von Brasilien
nach Rio de Janeiro eingeladen, wo er wie noch nie in seinem Leben
gefeiert wurde. Die Zeitungen schrieben über ihn, und eine von ihnen
ließ ihn unter der Überschrift «O Sabio» [Der Weise] mit einem täglichen
Feuilleton zu Wort kommen.

Früher hatte Huxley vor öffentlichem Auftreten eine ausgesprochene
Scheu empfunden, doch das hatte sich gründlich geändert. Er besaß nicht
nur die Gabe, zu einem großen Publikum zu sprechen, sondern tat es auch
immer öfter aus dem wachsenden Bedürfnis heraus, seine Ideen damit
spontaner und unmittelbarer unter die Leute zu bringen, als es durch Bü-
cherschreiben möglich war. Im Februar 1959 ging er als Gastprofessor an
die University of California in Santa Barbara, wo er ein Seminar über das

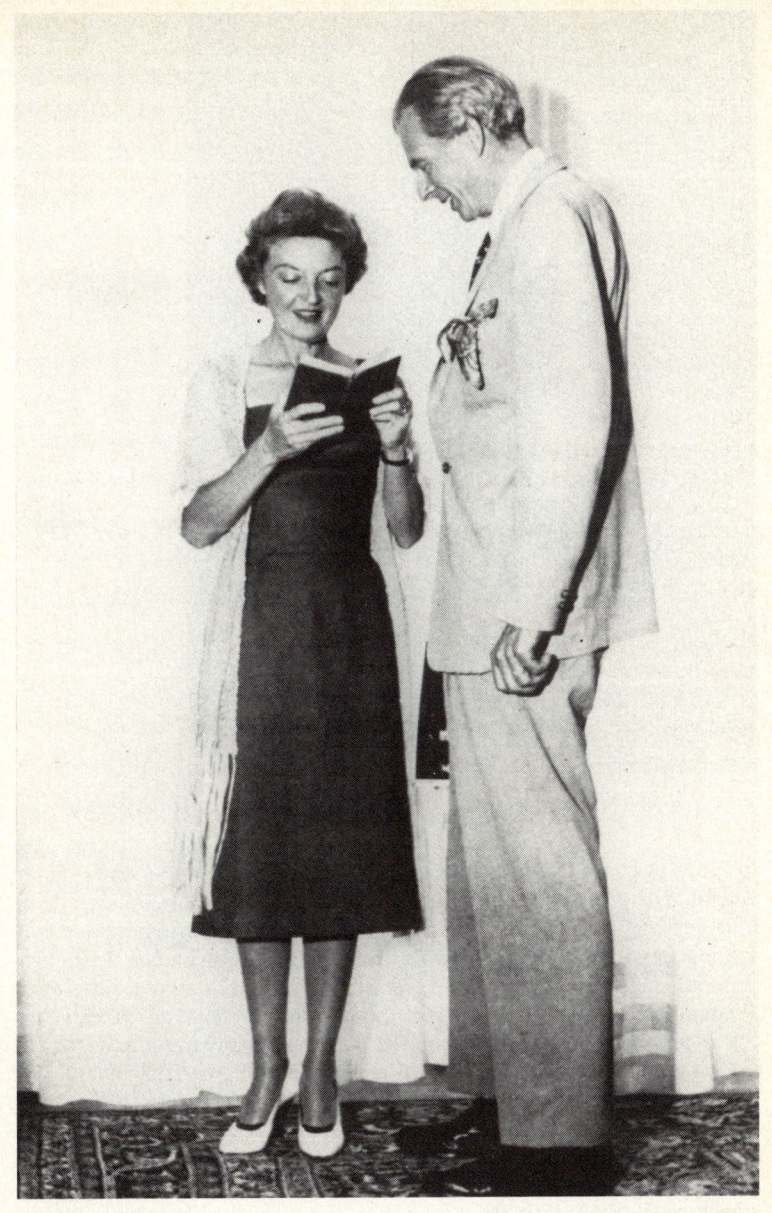

Mit Laura, geb. Archera, 1958

Yehudi Menuhin

Thema *The Human Situation* veranstaltete. Im Frühjahr 1960 wurde er von der Menninger Foundation in Topeka, dem amerikanischen Forschungs- und Ausbildungszentrum für Psychiatrie, eingeladen. In mehreren vielbeachteten Vorträgen äußerte er sich kritisch zu der einseitigen Psychoanalyse der dogmatischen Freud-Anhänger und prophezeite für die sogenannten Geisteskrankheiten, in denen er organische Störungen erblickte, verbesserte Heilchancen mit Hilfe der Psychopharmakologie. Im Herbst desselben Jahres folgte er dem Ruf des Massachusetts Institute of Technology (MIT) nach Cambridge, wo er in überfüllten Hörsälen vor Studenten und Professoren sprach, von denen viele der benachbarten Harvard University oder dem etwas weiter entfernten Wellesley College angehörten. Einer, der ihn damals hörte, war der weltberühmte Geiger Yehudi Menuhin: «...Seine Stimme war von sanftestem Klang, erhaben

über Haß, Gewalt und Vorurteil, doch auch nicht ohne Leidenschaft...
Dies war ein Mann, in dem das Wissen nie die Unschuld zerstört hatte.
Wissenschaftler und Künstler in einem, verkörperte er alles, was wir am
meisten benötigen in einer zerstückelten Welt, in der jeder von uns einen
nichtssagenden Splitter eines großen, zerschmetterten Universalspiegels
mit sich herumträgt. Er machte es sich zur Aufgabe, diese Splitter wieder
zusammenzusetzen, und, wenigstens in seiner Gegenwart, waren die
Menschen wieder heil. Um zu wissen, wohin jeder einzelne Splitter gehört, bedarf es einer Gesamtkonzeption, und nur ein Geist wie der seine,
der von jeder persönlichen Eitelkeit gereinigt war, der alles wahrnahm
und aufzeichnete ohne nach Vorteilen zu schielen, konnte ein so umfas-
sendes Vorhaben durchführen.»[155]

Das Jahr 1961 stand unter dem Zeichen eines Schicksalsschlags. Am
Abend des 12. Mai entzündete sich in dem Hügelgelände um Hollywood
ein Buschfeuer, das sich mit rasender Geschwindigkeit ausbreitete und
ein Haus nach dem andern in Flammen aufgehen ließ. Noch vor Mitter-
nacht hatten die Huxleys, mit Ausnahme von zwei Anzügen, einer Guar-
nieri-Geige und dem fast abgeschlossenen Manuskript von *Eiland*, alles

Nach dem Brand

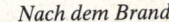

verloren. Schlimm genug war der Verlust der 6000 Bände umfassenden Bibliothek, unersetzlich aber waren Marias Tagebücher und ihre vielen schon in Hinblick auf spätere Verwertung geschriebenen Briefe, die Huxley kurz zuvor von ihrer Schwester Suzanne zurückerbeten hatte, um seine Memoiren vorzubereiten. Der fast Siebenundsechzigjährige, in *non-attachment* geübt, verwand den Schlag mit philosophischem Gleichmut: *Es berührt einen eigenartig, wenn man in meinem Alter noch mal von vorn anfangen soll, mit buchstäblich leeren Händen, ohne Bücher, ohne Erinnerungen, ohne Briefe oder Aufzeichnungen. Es war offenbar eine Lehre – kurz vor der endgültigen Entblößung –, daß man nichts mitnehmen kann.*[156] Und zu Humphrey Osmond bemerkte er: *Für mich war es ein Zeichen, daß der grimmige Schnitter mich ins Auge faßte.*[157]

Todesgedanken? Nicht von ungefähr. Ein Jahr zuvor hatte Huxley in einem Klinikbett von Los Angeles die Diagnose der Ärzte gehört: Zungenkrebs. Das Übel wurde sogleich unter Radiumbeschuß genommen. Jetzt, im Sommer 1961, nachdem ihr Haus abgebrannt und der Krebs verschwunden war, gingen die Huxleys auf eine Europatour: nach St. Paul de Vence, Tagungsort des Internationalen Parapsychologenverbandes, nach Zürich zu einem Besuch bei Dr. Albert Hofmann, dem Entdecker des LSD, und nach Kopenhagen, wo der Internationale Kongreß für Angewandte Psychologie stattfand. Bei ihrer Rückkunft nach Los Angeles fanden sie Unterschlupf im Haus einer Freundin, nicht weit von der Stelle, wo ihr eigenes Haus gestanden hatte. Doch schon im November brachen sie wieder auf, diesmal über Hongkong nach Indien, wohin Aldous zur Feier von Tagores 100. Geburtstag eingeladen war.

Im März 1962 erschien *Eiland* (*Island*), an dem Huxley sechs Jahre gearbeitet hatte. Diese als sein literarisches Testament geltende Zukunftsidylle ist ein in der Nähe von Sumatra angesiedelter Inselstaat, in dem westliche Wissenschaft und östliche Religion eine fruchtbare Synthese eingehen.

Geburtenkontrolle durch «maithuna», eine als Yoga der Liebe bezeichnete, den Liebesakt vergeistigende Form der Karezza; eine untraumatische Kindheit, die es dem Kind ermöglicht, sich zeitweilig vom Elternhaus zu lösen und innerhalb von Adoptivgemeinschaften Pflegeeltern zu wählen; eine ihm weitesten Sinne des Wortes ökologische Erziehung, die die Erde als lebendigen und verwundbaren Organismus lehrt und damit direkt in die buddhistische Ethik der Gewaltlosigkeit mündet; wissenschaftlich-medizinische Vorbeugung gegen Aggression und Kriminalität durch frühzeitige Diagnostizierung und pharmakologische Behandlung potentieller Täter; wirtschaftliches Gedeihen ohne Expansion, Friedenspolitik ohne Waffen, und schließlich die zu besonderen Anlässen genossene Moksha-Droge zur Erlangung reinigender Visionen – all diese Segnungen machen die Insel Pala zu einem Paradies auf Erden, in dem Körper und Geist, Endlichkeit und Transzendenz versöhnt sind.

1961

Drei Regeln beherrschen den Alltag eines jeden Bürgers: 1. «Die Rechte Achtsamkeit», die auf dem «Edlen achtfachen Pfad» Buddhas an siebter Stelle steht und klare, begierdefreie Besonnenheit beim Denken, Reden und Tun bedeutet. 2. Das Hier und Jetzt, das heißt die Forderung, sich von der Vergangenheit und der Zukunft mit all ihren Gewohnheiten, Vorurteilen und Ängsten zu befreien. 3. «Karuna», das Mitleiden, die Identifikation mit aller Kreatur.

Der Fluch der Insel ist ihr natürlicher Reichtum: gewaltige Ölvorkommen, die die wirtschaftliche Gier und militärische Gewalt der nach herkömmlichem Muster regierten Nachbarstaaten auf sich lenken. Huxley läßt Pala in einer Invasion untergehen, doch als die feindlichen Panzer vorbeigebraust sind, ertönt noch immer der Ruf der Myna-Vögel aus den Wäldern, als Verheißung für die Zukunft: *«Karuna, Karuna!» und, einen halben Ton tiefer: «Gib acht».*[158]

Eine ganz andere Welt tat sich Huxley auf, als er um diese Zeit eine Flugzeugfabrik in Los Angeles besichtigte. Die Ingenieure überboten sich an Eifer, ihm die Arbeiten am Apollo-Raumfahrtprogramm und die modernsten Luft-Boden-Raketen zu zeigen. Der Gast blieb unbeeindruckt: *Was hier an geballtem Wissen, genialer Begabung, harter und hingebender Arbeit – ganz zu schweigen von den aber Millionen Dollars – für einen kollektiven Riesenwahnsinn verpulvert wird! Und währenddessen wachsen unsere drei Milliarden Hungerleider in weniger als vierzig Jahren auf sechs Milliarden an, um wie Parasiten ihren Planeten und sich selbst zu vernichten.*[159]

Im Juni dieses Jahres wurde Huxley von der Royal Society of Literature zum «Companion of Literature» gewählt, eine Auszeichnung, die vor ihm Winston Churchill, E. M. Forster, John Masefield und Somerset Maugham erhalten hatten. (1960 war er auch vom Nobelpreis-Komitee nominiert worden, ohne daß es jedoch zur Preisverleihung kam.)

Im Juli mußte sich Huxley wieder in ärztliche Behandlung begeben. Er wurde an einer tumorbefallenen Halsdrüse operiert und mit Kobalt nachbehandelt. Kurz darauf trieb ihn sein rastloser Geist zum Kongreß der World Academy of Arts and Sciences nach Brüssel, danach besuchte er Marias Schwester Suzanne in Holland und erholte sich bei seinem Bruder Julian in London. In Begleitung von Humphrey Osmond, der ebenfalls aus Surrey stammte, suchte er die Stätten seiner Kindheit auf: die Internatsschule Hillside, das Geburtshaus in Godalming, dessen derzeitiger Besitzer ihn erkannte und hereinbat, das Elterngrab.

Das Jahr 1963 brach an, und Huxley trug sich mit dem Gedanken, einen längeren Roman in Angriff zu nehmen. Im März flog er zum Kongreß der UN-Food and Agriculture Organization nach Rom, wo er in Privataudienz von Papst Johannes XXIII. empfangen wurde. Nach einem erneuten gesundheitlichen Rückfall, von dem er sich nur mit Mühe erholte, raffte er sich Ende Juli zu seiner letzten Europa-Reise auf. Von Stockholm, wo der diesjährige Kongreß der World Academy stattfand, flog er nach London zu Julian und Juliette, die über seine aschgraue Gesichtsfarbe und matte Stimme erschraken. Lady Nichols, die Witwe eines Kommilitonen aus den Tagen von Balliol, sah ihn so: «Als Aldous zu Besuch kam, war sein Aussehen geradezu durchsichtig und sein Geist aller irdischen Händel und Habseligkeiten enthoben. In seinem Gesicht stand ein Leuchten, das um so stärker auffiel als es von einem Körper ausging, der einer brüchigen Schale glich.»[160]

Am 24. August kehrte Huxley nach Los Angeles zurück. Für Anfang September war eine Vortragstournee entlang der Ostküste geplant, aber er mußte absagen. Im gleichen Monat erschien sein Essay *Literatur und Wissenschaft* (*Literature and Science*), in dem er in das Gezänk zwischen Natur- und Geisteswissenschaft schlichtend eingreift und die These seines Großvaters von ihrer gegenseitigen Abhängigkeit und Befruchtung geist-

In Saltwood Castle, England, August 1963

Postkarte an Laura aus Rom, 1963

reich belegt. Im Oktober begann er einen Artikel über *Shakespeare und die Religion* (*Shakespeare and Religion*), zuerst an seiner Schreibmaschine sitzend, dann im Bett schreibend und ein Diktiergerät benutzend. Die erborgte Zeit war abgelaufen, er wurde schwächer und schwächer. Bis jetzt hatte Huxley nie so richtig an den tödlichen Verlauf seines Leidens geglaubt, auch hatte er es vor allen seinen Verwandten geheimgehalten. *Krebs ist nicht immer der Sieger*, sagte er noch wenige Monate vor seinem Tod zu dem Arzt, der schon Maria behandelt hatte, *vielleicht baut mein Körper eine eigene Abwehr auf.*[161] Im übrigen betrachtete er seine Krankheit aus einer fast wissenschaftlichen Distanz, als wäre auch sie ein Mittel, seine Erfahrungen zu erweitern.

Aldous' Hand, wenige Stunden vor seinem Tod

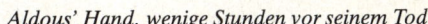

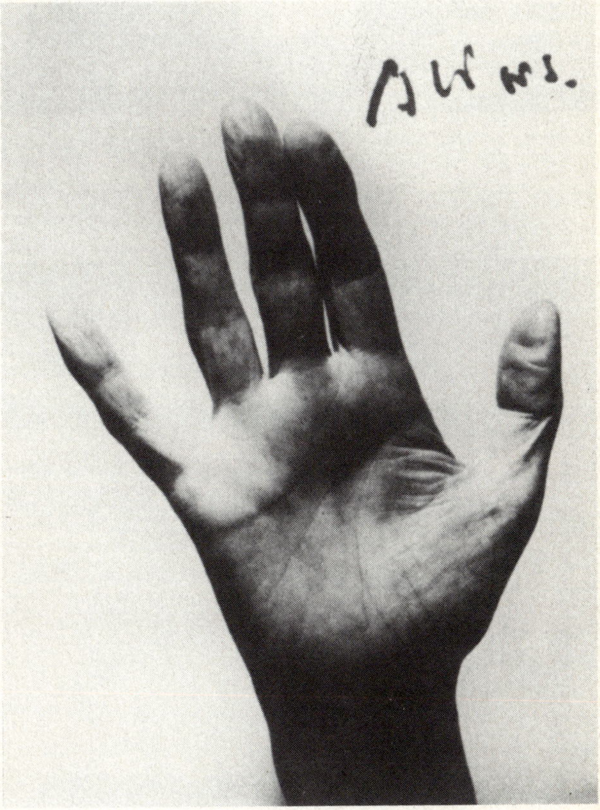

St. Nicholas (Dorfkirche und Friedhof) in Compton, unweit Godalming

Das dortige Familiengrab

In Loving Memory
Noel Trevenen Huxley
1889 · 1914
Leonard Huxley
1860 · 1933
Aldous Leonard Huxley
1894 · 1963
And Maria his Wife
1898 · 1955
Julian Sorell Huxley
1887 · 1975

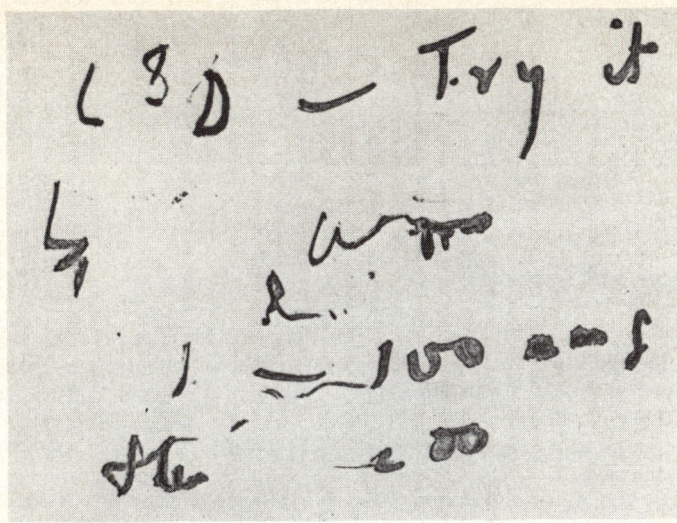

Die letzte Bitte

Erst am Morgen des 22. November, seines Todestages – es galt, eine Testamentformalität zu besprechen –, gestand er sich und seiner Frau die Möglichkeit ein, bald sterben zu müssen. Von da an ging es rapid bergab. Laura wich nicht von seiner Seite, zumal er voll quälender Unruhe war. Gegen Mittag verlangte der Sterbende – die Stimme versagte ihren Dienst – nach einem Schreibblock und kritzelte darauf: *Versuch es mit 100 Mikrogramm LSD, intramuskulär.*[162] Seine Bitte wurde erfüllt, seit zwei Jahren hatte er keine Droge mehr genommen. Mit einemmal kam Ruhe über ihn, er hatte den Tod akzeptiert. Laura hielt seine Hand und flüsterte ihm, so gut sie es in ihrer Bewegtheit vermochte, ähnliche Sätze ins Ohr wie er sie damals zu Maria gesprochen hatte. Um 17 Uhr 20 schloß er friedlich die Augen. Die Nachricht von seinem Tod blieb fast unbemerkt, im Nachhall der Schüsse von Dallas, die wenige Stunden zuvor dem Leben von Präsident Kennedy ein gewaltsames Ende setzten.

Anmerkungen

Bei übersetzten Werken steht im Text der deutsche Titel an erster Stelle, der Originaltitel ist in Klammern beigefügt. Bei nicht übersetzten Werken ist es umgekehrt; Zitatstellen aus letzteren wurden vom Verfasser der Monographie übersetzt.

1 Sinngemäß zit. n. Donald Watt: Aldous Huxley. The Critical Heritage. London and Boston 1975, S. 10. Im folgenden: The Critical Heritage

2 *Affe und Wesen*. München 1984. S. 94

3 Das «character training» an den elitären «public schools» besteht vor allem in der Übertragung von Verantwortung an Schüler («prefect system») und in der Pflege des Mannschaftssports; ersteres zur Anerziehung von Führereigenschaften, letzteres zur Förderung von Uneigennützigkeit und Gemeinschaftsgeist.

4 Ronald W. Clark: The Huxleys. London 1968. S. 130

5 Julian Huxley in: Julian Huxley (Hg.), Aldous Huxley zum Gedächtnis. München 1969. S. 21. Im folgenden: Gedächtnis

6 Gervas Huxley in: Gedächtnis, S. 31

7 *Narrenreigen*. München 1983. S. 9

8 *Die Kunst des Sehens*. München 1982. S. 7

9 Gervas Huxley in: Gedächtnis, S. 33

10 Grover Smith (ed.): *Letters of Aldous Huxley*. London 1969: To Leonard Huxley, 13 May, 1912; S. 42. Im folgenden: *Letters*

11 Gervas Huxley in: Gedächtnis, S. 34

12 *Letters*: To Gervas Huxley, Late August, 1914; S. 61

13 Julian Huxley in: Gedächtnis, S. 22

14 Clark, The Huxleys, a. a. O., S. 168

15 Juliette Huxley née Baillot in: Gedächtnis, S. 38

16 Zit. n. Clark, The Huxleys, a. a. O., S. 169

17 Juliette Huxley née Baillot in: Gedächtnis, S. 44

18 T. S. Eliot in: Gedächtnis, S. 61

19 Juliette Huxley née Baillot in: Gedächtnis, S. 38

20 Edwin Muir: The Structure of the Novel. London 1921. S. 122

21 *Kontrapunkt des Lebens*. München 1951. S. 348

22 *Eine Gesellschaft auf dem Lande*. München 1977. S. 174f

23 *Parallelen der Liebe*. München 1974. S. 181f

24 *Narrenreigen*, S. 95

25 *Eine Gesellschaft auf dem Lande*, S. 30

26 Ebd., S. 226

27 *Parallelen der Liebe*, S. 353

28 Zit. n. Sybille Bedford: Aldous Huxley. A Biography. 2 vols. London 1973–1974. Volume One, S. 57. Im folgenden: Bedford I bzw. Bedford II

29 *Parallelen der Liebe*, S. 367

30 The Critical Heritage, S. 10

31 *Jesting Pilate*. London 1969. S. 109

32 Ebd., S. 267

33 Aldous Huxley (Hg.): *D. H. Lawrence. Briefe*. Zürich 1979. S. 18

34 Ebd., S. 21

35 Zit. n. ebd. S. 18

36 Ebd., S. 43

37 *Kontrapunkt des Lebens*, S. 34

38 Ebd., S. 378

39 W. H. Sheldons Typologie fußt auf Ernst Kretschmers «Körperbau und Charakter» (1921). In seinen zwei Werken «The Varieties of Human Physique» (1940) und «The Varieties of Human Temperament» (1942) teilt Sheldon den Körperbau in die Typen endomorph (Prädominanz der inneren Organe), mesomorph (Prädominanz der Knochen und Muskeln) und ektomorph (Prädominanz von Haut und Nervensystem). Diesen Körpertypen ordnet er folgende Charaktertypen zu: visceroton = bequemlichkeitsliebend, gesellig, ausgeglichen; somatoton = selbstbehauptend, robust, zielbewußt; zerebroton = introvertiert, leicht erregbar, verstandesbetont.

40 *Kontrapunkt des Lebens*, S. 99

41 Ebd., S. 97 f

42 Bedford I, S. 295

43 *Kontrapunkt des Lebens*, S. 478

44 *D. H. Lawrence. Briefe*, S. 25

45 *Pascal* (entnommen und übersetzt aus *Do What You Will*). München 1961. S. 60

46 *Do What You Will*. London 1956. S. 193

47 Zit. n. *Pascal*, S. 52. Das Zitat stammt aus W. Blake, «Hochzeit von Himmel und Hölle»

48 Ebd., S. 57 f

49 Ebd., S. 58

50 *Letters*: To Mrs. Flora Strousse, 24 November, 1929; S. 319

51 Berichtet von Sybille Bedford in: Gedächtnis, S. 79 f

52 *Letters*: To Julian Huxley, 30 June, 1916; S. 103

53 Zit. n. Bedford I, S. 244

54 Die Handlung spielt im Jahre 632 nach Ford. Diese neue Zeitrechnung beginnt mit dem Jahr 1908 A. D., als Henry Ford mit seinem Modell T den Automarkt überschwemmte und dem bei seiner Produktion bewährten Fließband zum Durchbruch verhalf. Das Jahr 632 nach Ford entspricht somit dem Jahr 2540 unserer Zeitrechnung.

55 *Dreißig Jahre danach oder Wiedersehen mit der «Wackeren Neuen Welt»*. München 1962. S. 51

56 Ebd., S. 39

57 *Schöne neue Welt*. Frankfurt a. M. (Fischer Bücherei) 1953. S. 185

58 *Dreißig Jahre danach . . .*, S. 91 f

59 *Schöne neue Welt*, S. 91

60 Ebd., S. 190

61 Ebd., S. 201 f

62 Christlich-theologischer Ausdruck für «Vom Geist durchwaltet und aus ihm wirkend»; hier ironisch das Gegenteil bedeutend.

63 *Schöne neue Welt*, S. 70

64 Ebd. (Vorwort zur Ausgabe 1946), S. 13

65 *Dreißig Jahre danach . . .*, S. 154

66 *Letters*: To George Orwell, 21 October, 1946; S. 605

67 The Critical Heritage, S. 212

68 *Schöne neue Welt* (Vorwort zur Ausgabe 1946), S. 7 f

69 *Beyond the Mexique Bay*. Hamburg, Paris, Bologna (The Albatros) 1935. S. 67

70 *The Causes of War*. New York (The Telegraph Press) 1935

71 *Letters*: To Victoria Ocampo, June 1935; S. 397

72 Zit. n. Bedford I, S. 311 f

73 Zit. n. Clark, The Huxleys, S. 241

74 *Letters*: To Leonard Woolf, 2 March, 1936; S. 401

75 Sybille Bedford in: Gedächtnis, S. 84

76 Leonard Woolf in: Gedächtnis, S. 56. Die Liquidierung der Juden begann allerdings erst nach dem Kriegsausbruch von 1939.

77 *Letters*: To E. McKnight Kauffer, 19 March, 1936; S. 402 f

78 Der Begriff Philister(tum) stammt aus der deutschen Studentensprache; an den Stammesnamen Philister angelehnt, bedeutet er den beschränkten Spießbürger und seine Welt. In einem «Sweetness and Light» betitelten Vortrag im Jahre 1867 tadelte Matthew Arnold alle die seiner Landsleute als Philister, die den Reichtum zum Gradmesser der Größe machten.

79 *Geblendet in Gaza*. München 1953. S. 25

80 Ebd., S. 483

81 Ebd., S. 108

82 Ebd., S. 9 f

83 Ebd., S. 331

84 *Ziele und Wege*. Berlin 1945. S. 265

85 *Geblendet in Gaza*, S. 135

86 Ebd., S. 482

87 Ebd., S. 274 f, Babbitt, die Titelfigur des gleichnamigen Romans von Sinclair Lewis (1922), ist der Prototyp des geschäftstüchtigen amerikanischen Spießers.

88 Ebd., S. 504

89 Ebd., S. 481 f

90 Ebd., S. 501

91 Ebd., S. 283 f

92 Ebd., S. 149

93 Ebd., S. 360

94 Ebd., S. 416

95 Ebd., S. 531

96 Ebd., S. 539

97 *Ziele und Wege*, S. 15

98 Ebd., S. 204

99 Ebd., S. 9

100 Ebd., S. 320

101 Honor Croome in: «Spectator» (12. November 1937). Zit. n. The Critical Heritage, S. 287

102 *Letters*: To Julian Huxley, 3 June, 1937; S. 422

103 Zit. n. Ted Morgan: Somerset Maugham. London 1980. S. 435

104 Berichtet von Anita Loos in: Gedächtnis, S. 109 f

105 *Letters*: To Miss Hepworth and Mr. Green, 1942; S. 473 f

106 Hilde Spiel: In meinem Garten schlendernd. München 1981. S. 273

107 Während der Hinayana-Buddhismus nur noch Sri Lanka, Birma, Thailand, Laos und Kambodscha beherrscht, hat sich der Mahayana-Buddhismus als eigentliche buddhistische Weltreligion über Nepal, Tibet, China, Korea und Japan verbreitet. Der Unterschied zwischen beiden wird in einer Mahayana-Schrift so erklärt: Die Welt ist ein brennendes Haus. Um zu entrinnen, verlangen die Anhänger des ersteren nach einem kleinen Wagen, der nur Platz für sie selbst und die wenigen anderen Auserwählten bietet, während die Mahayanisten ein großes Fahrzeug benötigen, um möglichst viele Mitmenschen mitzunehmen. Das Hinayana ist die Religion der Selbsterlösung, seine Vorstellung vom Nirvana ist vorwiegend negativ. Das Mahayana verbindet mit der Gestalt des Boddhisattwa den Gedanken der Fremderlösung und nimmt eine

paradiesähnliche Vorstufe des Nirvana an, die immer mehr zum Selbstzweck wurde.

108 *Nach vielen Sommern*. München 1954. S. 8

109 Ebd., S. 298

110 Ebd., S. 141

111 Ebd., S. 107

112 *Die graue Eminenz*. München 1962. S. 109

113 Zit. n. Walter Nigg: Große Heilige. Zürich 1946. S. 250. Noch schärfer ausformuliert in Meister Eckharts berühmtem Zitat: «Das Höchste und das Nächste, was der Mensch lassen kann, das ist, daß er Gott lasse wegen Gott.»

114 *Zeit muß enden*. München 1961. S. 368

115 Ebd., S. 128

116 Ebd., S. 174

117 Ebd., S. 175

118 Ebd., S. 177f

119 Ebd., S. 180

120 Ebd., S. 321

121 The Critical Heritage, S. 359

122 *Letters*: To Leonard Huxley, 25 January, 1924; S. 226

123 *Zeit muß enden*, S. 310

124 *Letters*: To J. B. Rhine, 30 December, 1942; S. 484

125 Zit. n. Bedford II, S. 112

126 Thomas Mann/Karl Kerényi: Gespräch in Briefen. Zürich 1960. S. 41

127 *Die Teufel von Loudun*. München 1955. S. 363

128 Ebd., S. 364

129 Ebd., S. 365

130 Thomas Mann – Heinrich Mann, Briefwechsel 1900–1949. Frankfurt a. M. (Fischer TB 1610) 1975: Brief von H. an T. Mann, 25.12.1933; S. 144

131 *Die Teufel von Loudun*, S. 373

132 Ebd., S. 389

133 Ebd.

134 *Letters*: To Dr. Humphrey Osmond, 21 February, 1955; S. 735f

135 The Critical Heritage, S. 417

136 *Die Pforten der Wahrnehmung. Meine Erfahrungen mit Meskalin.* München 1954. S. 9

137 Ebd., S. 46

138 Ebd., S. 15

139 Ebd., S. 16

140 Ebd., S. 14f

141 Ebd., S. 46f

142 *Himmel und Hölle*. München 1957. S. 51

143 Hans Küng (Josef van Ess, Heinrich von Stietencron, Heinz Bechert): Christentum und Weltreligionen. Hinführung zum Dialog mit Islam, Hinduismus und Buddhismus. München–Zürich 1984. S. 259

144 *Die Pforten der Wahrnehmung*, S. 47

145 Ebd., S. 49

146 *Letters*: To Dr. Humphrey Osmond, 24 October, 1955; S. 769

147 *Letters*: To Dr. Humphrey Osmond, 23 December, 1955; S. 779

148 Abgedruckt in: Michael Horowitz und Cynthia Palmer (Hg.), *Moksha. Auf der Suche nach der Wunderdroge*. München 1983. S. 199f. Im folgenden: *Moksha*

149 Zitat aus «Ode on Intimations of Immortality» (1807)

150 *Letters*: To Harold Raymond, 8 March, 1954; S. 701

151 Erika Mann (Hg.): Thomas Mann. Briefe 1948–1955 und Nachlese. Frankfurt a. M. 1965: An Ida Herz, 21. III. 54; S. 332

152 *Moksha*, S. 241 (Berichtet im Kap. «Liebe und Arbeit» von Laura Huxley)

153 Hans Küng (...), Christentum und Weltreligionen, a. a. O., S. 256

154 Berichtet in Bedford II, S. 172f

155 Zit. n. Bedford II, S. 268

156 *Letters*: To Robert M. Hutchins, 15 May, 1961; S. 912

157 Dr. Humphrey Osmond in: Gedächtnis, S. 135

158 *Eiland*. München 1973. S. 344

159 *Letters*: To Dr. Humphrey Osmond, 19 August, 1962; S. 936

160 Zit. n. Bedford II, S. 319

161 Dr. Max Cutler in: Gedächtnis, S. 166

162 *Moksha*, S. 283 (Berichtet im Kap. «O Edelgeborener» von Laura Huxley)

Zeittafel

1894 26. Juli: Aldous Leonard Huxley wird in Godalming (Surrey) geboren als Sohn des Lehrers und Literaten Leonard Huxley und seiner Frau Julia, geb. Arnold. Seine Geschwister sind: Julian (*1887), Trevenen (*1889), Margaret (*1899)

1901 Umzug der Familie vom Haus Laleham ins Haus Prior's Field, wo Julia eine eigene Schule gründet

1903 Aldous kommt mit seinem Vetter Gervas ins Internat der Prep School Hillside

1908 September: Aldous wird Schüler der Public School von Eton.
29. November: Tod seiner Mutter

1911 Schwere Augenkrankheit zwingt Aldous, Eton zu verlassen; über ein Jahr fast völlige Blindheit

1912 April: Erste Besserung des Sehvermögens.
Mai–Juni: Studienaufenthalt in Marburg

1913 Juli–August: Studienaufenthalt in Grenoble.
Oktober: Immatrikulation am Balliol College, Oxford (Englische Literatur und Philosophie)

1914 4. August: Eintritt Großbritanniens in den Ersten Weltkrieg.
23. August: Aldous' Bruder Trevenen nimmt sich das Leben

1915 Dezember: Erster Besuch auf Gut Garsington bei Philipp und Lady Ottoline Morrell; Aldous lernt die Schweizerin Juliette Baillot, seine zukünftige Schwägerin, und die Belgierin Maria Nys, seine zukünftige Frau, kennen. – Erste Begegnung mit D. H. Lawrence

1916 Juni: Studienabschluß mit Auszeichnung.
Juli: Unterrichtsaushilfe an der Public School von Repton.
September: Huxley beginnt einen achtmonatigen Zivildienst in Garsington, wo er u. a. Bertrand Russell, T. S. Eliot, Lytton Strachey, Virginia Woolf, Katherine Mansfield und Middleton Murry kennenlernt

1917 April–Juli: Bürodienst im Air Board.
September: Lehrtätigkeit in Eton (bis Februar 1919)

1919 Anstellung bei Middleton Murrys Wochenzeitschrift «The Athenaeum».
10. Juli: Eheschließung mit Maria Nys

1920 Geburt von Matthew Huxley. – Huxley geht als Buch- und Theaterkritiker zur «Westminster Gazette»

1921 März–Mai: Aufenthalt in Florenz.
Mai–September: Ferien in Forte dei Marmi.

November: *Eine Gesellschaft auf dem Lande*
1923   Januar: Erster Drei-Jahres-Vertrag mit dem Verlagshaus Chatto & Windus.
August: Die Huxleys mieten das Haus Castel a Montici in Florenz (bis Juni 1925).
November: *Narrenreigen*
1924   Ausgedehnte Reisen in Italien und Frankreich
1925   Januar: *Parallelen der Liebe*.
September: Die Huxleys brechen zu einer Weltreise auf: Indien, Indonesien, Philippinen, Hongkong, Japan, USA (bis Juni 1926)
1926   Oktober: Reisebericht *Jesting Pilate*. Freundschaft mit D. H. Lawrence und Frieda, geb. von Richthofen, in Florenz
1928   Januar–Februar: Winterferien mit Julian Huxley und Familie sowie Ehepaar Lawrence in Les Diablerets. Oktober: *Kontrapunkt des Lebens*.
Die Huxleys beziehen das Haus 3 rue du Bac, Suresne (bis April 1930)
1929   Januar: Erste Begegnung mit Gerald Heard.
Oktober: Essayband *Do What You Will*.
Oktober–November: Autoreise durch Spanien
1930   März: D. H. Lawrence stirbt in Vence; letztes Geleit.
April: Die Huxleys lassen sich in Sanary-sur-Mer nieder (bis Februar 1937)
1932   Februar: *Schöne neue Welt*.
September: Huxley veröffentlicht Lawrences Briefwechsel
1933   30. Januar: Hitler ergreift die Macht in Deutschland. Januar–Mai: Reise nach Zentralamerika.
3. Mai: Aldous' Vater Leonard Huxley stirbt
1934   April: Reisebericht *Beyond the Mexique Bay*. Dezember: Die Huxleys mieten eine Wohnung im Albany, London.
Huxley gerät in eine größere gesundheitliche Krise
1935   Juni: Teilnahme an antifaschistischem Schriftstellerkongreß in Paris.
Oktober–Dezember: Huxley erholt sich dank der Behandlung von F. Matthias Alexander.
Huxley stößt zur Friedensbewegung von Dick Sheppard
1936   April: Pazifistische Schrift *What Are You Going to Do About It?*.
Juli: *Geblendet in Gaza*
1937   7. April: Die Huxleys reisen mit Gerald Heard nach den USA.
Mai–September: Erste Bleibe bei Frieda Lawrence in New Mexico, danach Übersiedlung nach Hollywood.
November: Abhandlung *Ziele und Wege*.
November–Dezember: Huxley und Heard gehen auf Vortragstournee. Huxley verbringt Weihnachten mit Familie in New York; man beschließt, nicht nach Europa zurückzukehren
1938   Ende Januar: Zurück nach Hollywood; Freundschaft mit Charlie Chaplin, Paulette Goddard, Greta Garbo, Anita Loos u. a.
August–September: Huxley schreibt das Drehbuch zu einem Madame Curie-Film.
November: Huxley beginnt ein Augentraining nach der Bates-Methode
1939   Sommer: Freundschaft mit Christopher Isherwood; mit ihm und Gerald Heard religionswissenschaftliche Studien in der Vedanta-Gemeinschaft.
3. September: England tritt in den Zweiten Weltkrieg ein.

Oktober: *Nach vielen Sommern*

1941 Historische Biographie *Die Graue Eminenz*

1942 Februar: Übersiedlung in die im Herbst zuvor gekaufte Ranch in Llano del Rio, am Rand der Mojave-Wüste.

Oktober: Erfahrungsbericht über das Bates-Training *Die Kunst des Sehens*

1943 Juli: Mit Gerald Heard Einkehr im Trabuco College

1944 *Zeit muß enden*

1945 8. Mai: Ende des Zweiten Weltkriegs.

September: Religionswissenschaftliche Anthologie *Die ewige Philosophie*

1946 März: Essaysammlung *Wissenschaft, Freiheit und Frieden*.

Juli–Oktober: Bearbeitung der Kurzgeschichte *Das Lächeln der Gioconda* für Film und Bühne

1947 Februar: Die Huxleys ziehen in ihr neugekauftes Haus im hochgelegenen Wrightwood (bis Sommer 1949)

1948 August: Kurzroman *Affe und Wesen*.

Juni–Oktober: Die Huxleys auf Seereise nach Europa, auf den Spuren der Vergangenheit; in London Interview durch den Literaturkritiker Cyril Connolly

1949 Umzug nach Los Angeles, 740 North Kings Road

1950 April: Essayband *Themen und Variationen*.

Mai–September: Die Huxleys auf Seereise nach Europa; Verkauf des Hauses in Sanary

1951 Huxley wird von schwerer Virusinfektion mit nachfolgender Iritis befallen

1952 Januar: Maria wird operiert: Brusttumor.

Oktober: Historische Biographie *Die Teufel von Loudun*

1953 Mai: Huxley macht sein erstes Experiment mit psychodelischer Droge

1954 Februar: Erfahrungsbericht *Die Pforten der Wahrnehmung*.

April–August: Die Huxleys machen eine Schiffsreise nach Europa, Ägypten, Jerusalem, Beirut und Zypern

1955 12. Februar: Maria Huxley stirbt.

Juni: Kurzroman *Das Genie und die Göttin*

1956 Februar: Essays *Himmel und Hölle*.

19. März: Huxley heiratet Laura Archera.

Juli: Das Paar zieht in das Haus 3276 Deronda Drive, Los Angeles

1957 Sommer: Huxley arbeitet in New York an der Bühnenfassung von *Das Genie und die Göttin*.

November: Erstaufführung am Broadway

1958 Juli–August: Die Huxleys besuchen Peru und, auf Einladung des brasilianischen Staatspräsidenten, Brasilien.

Oktober: Essaysammlung *Schöne neue Welt. Dreißig Jahre danach*.

November: Vorträge in Turin, Mailand, Rom und Neapel

1959 Februar–Mai: Vorlesungen an der University of California, Santa Barbara, über *The Human Situation*.

Mai: Verleihung des «Award of Merit for the Novel» durch die American Academy of Arts and Letters.

September–Dezember: Wintersemester in Santa Barbara

1960 März–April: Gastprofessur an der Menninger Foundation, Topeka.

Mai: Huxley erfährt, daß er Zungenkrebs hat.

Juni–Juli: Erfolgreiche Radiumbehandlung.

September: Gastprofessur am Massachusetts Institute of Technology (MIT)

1961   12. Mai: Huxleys Haus wird durch Buschfeuer vernichtet; Verlust der Bibliothek und aller Aufzeichnungen.

Juni–August: Die Huxleys gehen auf Europatour.

November: Teilnahme an Feierlichkeiten zum 100. Geburtstag von Tagore in New Delhi

1962   Februar–Mai: Gastprofessur an der University of California, Berkeley.

März: *Eiland*.

Juni: Huxley wird von der Royal Society of Literature mit dem Titel «Companion of Literature» ausgezeichnet.

Juli: Wiederauftreten der Krankheit; kleinerer Eingriff mit nachfolgender Kobaltbehandlung.

August–September: Huxley fliegt zum Kongreß der World Academy of Arts and Sciences nach Brüssel.

1963   März: Teilnahme am Kongreß der UN-Food and Agriculture Organization in Rom; Privataudienz bei Papst Johannes XXIII.

Juni–Juli: Erneute Radiumbehandlung.

August–September: Reise zum Kongreß der World Academy nach Stockholm, letzter Besuch in England.

September: Essayband *Literatur und Wissenschaft*.

22. November: Tod in Los Angeles

1971   Huxleys Asche wird nach England überführt und im Grab seiner Eltern in Compton, Surrey, beigesetzt

1972   Marias Urne wird neben der ihres Mannes bestattet

Zeugnisse

Virginia Woolf
Aldous: ein höchst bewundernswerter, kühler, leicht antiseptisch wirkender, aber humaner & sanfter Mann. Mit den Jahren schon ein bißchen abgeklärt. Erfahrung, bewundernswerte Reife, wie wir sie nicht haben. Ist in der Welt herumgekommen. Ganz und gar skeptisch, was ihn um so menschlicher macht. Beurteilt alles, verurteilt nichts. In bezug auf Religion & Sex ein wenig theoretisch...

Außerordentlich lang und dünn; graues, verschwommenes Auge; scharfe Zunge, witziger Geist.

Diary, 18. Juni 1934

William Somerset Maugham
Ein Romancier muß imstande sein, in die Haut seiner Figuren zu schlüpfen, mit ihren Augen zu sehen, mit ihren Fingern zu fühlen. Aldous Huxley sieht sie dagegen wie ein Anatom. Er seziert ihre Nerven, legt fein säuberlich ihre Arterien frei und späht in ihre Herzkammern. Dabei wird es dem Leser ein bißchen mulmig zumute. Ich will damit nicht Aldous Huxleys Romankunst herabsetzen; er besitzt die unbezahlbare Gabe der Lesbarkeit, so daß, auch wenn sein Gebaren einen stutzig macht, man von seinem Erzähltalent gefesselt und von seiner Originalität angeregt wird.

«Introduction to Modern English and American Literature», 1944

Sir Kenneth Clark
Wenn ich mich der Künstler erinnere, über deren Werk er schrieb, wird mir klar, daß er in den Jahren zwischen den beiden Kriegen einer der großen Wiederentdecker war. Ganz unbewußt und unbeabsichtigt hatte er beträchtlichen Einfluß auf den Geschmack seiner Zeit. Breughel, Callot, Piranesi, Goya, Caravaggio – wir denken heute anders über sie als 1925, und viele von uns, die begreiflicherweise nicht gern Kunstkritisches der üblichen Art lesen, verdanken diesen Wandel ihrer Auffassung vielleicht zu einem großen Teil Aldous Huxley. Man muß, glaube ich, hinzufügen, daß diese Reihe von Namen einen hervorstechenden Zug seines Wesens zeigt – seine Empfindlichkeit für Greuel: Die Genannten sind

fünf der großen Meister grauenerregender Bilderwelten, und mindestens drei von ihnen waren zeitlebens von Schreckbildern menschlicher Brutalität verfolgt; wie wir auch oft Aldous' seelische Verwandtschaft mit jenem Mann bei Platon spüren, der seine Augenlider aufspreizt, um die Leichen im Festungsgraben anzusehen. Und ich vermute, wir müssen diese empörte Empfindlichkeit, dieses übermächtige Gefühl von Abscheu als den notwendigen Preis für sein ungemein feines Wahrnehmungsvermögen hinnehmen.

Aus: «Aldous Huxley zum Gedächtnis», 1969

Theodor W. Adorno

Die *Brave New World* ist ein einziges Konzentrationslager, das, seines Gegensatzes ledig, sich fürs Paradies hält... Huxley ist frei von der törichten Besonnenheit, die noch dem Ärgsten ihr gemäßigtes «Alles nicht so schlimm» abgewinnt. Er macht dem Kinderglauben, daß angebliche Auswüchse der technischen Zivilisation im unaufhaltsamen Fortschritt von selbst ausgeglichen würden, keine Zugeständnisse und verschmäht den Zuspruch, nach dem Exilierte so gern greifen: daß die beängstigenden Aspekte der amerikanischen Kultur ephemere Reste ihrer Primitivität oder kraftvolle Bürgen ihrer Jugend seien. Kein Zweifel daran wird geduldet, daß jene nicht sowohl hinter dem großen Zug der europäischen zurückblieb als vielmehr dieser vorauseilte; daß die Alte Welt beflissen der Neuen es nachtut. Wie der Weltstaat der *Brave New World* zwischen den Golfplätzen und biologischen Versuchsanstalten von Mombaza, London und dem Nordpol keine anderen Unterschiede mehr kennt als künstlich aufrechterhaltene, so ist der parodierte Amerikanismus die Welt... Zur Hölle wird sie durch Linienverlängerung: Beobachtungen am gegenwärtigen Zustand der Zivilisation sind aus ihrer eigenen Teleologie vorgetrieben bis zur unmittelbaren Evidenz ihres Unwesens.

«Aldous Huxley und die Utopie». Aus: «Prismen: Kulturkritik und Gesellschaft», 1955

Ernst Bloch

Ganz reaktionär aber endet das letzte, das totale Morlaken-Gemälde, das über Wells hinaus Aldous Huxley noch geliefert hat, mit dem ironischen Shakespeare-Titel: *Brave New World*. Einzig Reflexmenschen bewohnen darin die Zukunft, sauber, gefühllos, unsentimental in die Reflexgruppen der Roboter und der Führer eingeteilt. Individuen sind abgeschafft, die Gesellschaft funktioniert als Schaltwerk, und das idiotische Wunschbild, das Huxley als eines der Kommunisten oder der Faschisten hinstellt, ihm angeblich gleichviel, ist sozusagen schreiend komisch. Es erbricht sich dermaßen vor Lachen, daß es nicht einmal Monopolkapitalismus von Vergesellschaftung der Produktionsmittel zu unterscheiden weiß. So ist die liberale Bourgeoisie zu utopischem Humor unfähig geworden; sein

Spiel endet in Grausen und Dummheit. Ist, wie der Individual-Agitator Huxley zeigt, nur noch zu Hoffnungsmord und Anti-Utopie fähig.

«Das Prinzip Hoffnung», 1959

Klaus Mann
Sanary-sur-Mer, zwischen Toulon und Marseille gelegen, ist ein malerisches Fischerdorf mit einem Hotel, zwei oder drei Cafés und ein paar schmucken Villen... Aldous Huxley hat ein weniger großes Haus, aber auch hübsch gelegen. Der berühmte Autor von *Point Counter Point*, zweifellos einer der geistvollsten Männer seiner Epoche, ist im persönlichen Umgang eher still, befangen, von jener scheuen Liebenswürdigkeit, hinter der sich Hochmut oder Schüchternheit verbergen können. Sollte Hochmut im Spiele sein, so ist Aldous gewiß eifrig darum bemüht, solche Schwäche in sich zu überwinden. Denn der einst so Frivole, Skeptische, der intellektuelle Jongleur und ausgepichte Artist befindet sich schon im ersten Stadium der religiösen Krise, die ihn im Lauf der nächsten Jahre aufwühlen, verstören, wandeln und verjüngen soll. Der Glaubenslose will gläubig werden; der Agnostiker sucht nach dem Absoluten; der Hirnmensch verlangt nach Erleuchtung und Offenbarung... Von Politik wird dieser geläuterte Huxley nichts mehr wissen wollen: Alles Weltliche gilt dem mystischen Asketen als essentiell böse oder doch uneigentlich, trughaft, schemenhaft, chimärisch. Noch aber macht er gewisse Unterschiede zwischen dem Nicht-ganz-Guten und dem Durchaus-Schlechten. An seinem Tisch, wie bei Feuchtwangers drüben, wird auf Hitler gescholten, wobei Mrs. Huxley (Belgierin von Geburt und daher den Deutschen überhaupt nicht gar zu freundlich gesinnt) ein kräftig Wörtlein mitzusprechen hat.

«Der Wendepunkt», 1949

Christopher Isherwood
Tatsächlich war diese furchtlose Wißbegier einer von Aldous' vornehmsten Charakterzügen, eine Funktion seiner menschlichen Größe. Unbedeutende Menschen fürchten immer, was ihre Nachbarn dazu sagen könnten, wenn sie unkonventionelle Fragen an das Leben richten würden. Aldous stellte solche Fragen unaufhörlich, und es fiel ihm nie ein, sich dabei um seine Nachbarn zu kümmern. Die lachten über ihn, weil er Heilkünstler konsultierte, die keine Praxiserlaubnis hatten, und psychische Phänomene zu ergründen suchte. Es stimmte allerdings, daß viele der Heilkünstler sich irrten und viele der Medien sich als Schwindler erwiesen. Das war von Aldous' Gesichtspunkt aus unwichtig, denn seine Forschungen spielten ihm auch einige sehr merkwürdige und wertvolle Stückchen des Puzzlespiels «Wahrheit» in die Hände; Stückchen, die die offizielle Wissenschaft vielleicht noch jahrelang nicht in das Gesamtbild einsetzen und als akademisch achtbar anerkennen wird.

Aus: «Aldous Huxley zum Gedächtnis», 1969

Walter Mehring

Huxleys Persönlichkeit scheint mir für unsere Epoche ähnlich repräsentativ wie Čechov für die seine. Auch er erlitt in den zeitgenössischen, gespenstisch realen «Utopias» einen Nervenschock – und hat es auch erst mit bitterster Ironie und Nihilismus versucht; und als das nicht half, mit Obst und Gemüse und – mit zeitlosen Erscheinungen. Nicht mit «Schwarzen Mönchen»* sondern mit modern gebildeten kalifornischen Hindulehrern der praktischen Seelengymnastik. Huxley ist schließlich ein Nachkomme des genialen Biologen und Darwin-Freundes Thomas Henry Huxley und hat alle Schulen – Materialismus, Evolutionismus, Psychoanalyse und neuerdings Buddhismus – summa cum laude absolviert.

«Die verlorene Bibliothek: Autobiographie einer Kultur», 1978

Hilde Spiel

Aldous Huxley war jene rara avis, die vielleicht einzigartige Erscheinung eines Mystikers, der sich soweit wie möglich der rationalistischen Terminologie und empirischen Methode bedient. Nicht weniger einzigartig freilich war sein Werdegang, der, entgegen dem der Menschheitsentwicklung, aus einer vorurteilsfreien Geisteshaltung in dogmatischen Okkultismus führte.

«Huxleys Wege zum Heil». Aus: «In meinem Garten schlendernd», 1981

Igor Strawinsky

Ich habe Aldous sehr geliebt, und sein Tod war ein schrecklicher Schlag und Verlust für mich. Ich bin noch immer nicht imstande, darüber nachzudenken und kann nicht über ihn schreiben...

Seit ich vor einem Vierteljahrhundert nach Kalifornien kam, war mir Aldous ein geistiger Führer. Und ich fühle mich verloren ohne ihn, diesen liebsten Freund.

Aus: «Aldous Huxley zum Gedächtnis», 1969
(Igor Strawinskys Orchesterwerk «Variations Aldous Huxley in memoriam» wurde am 14. September 1965 in London uraufgeführt.)

---

* Anspielung auf die Čechov-Erzählung «Der Schwarze Mönch», in der die Gabe der Vision mit dem Verlust des Verstandes erkauft wird. (Anm. des Verf.)

«Eine Büchersammlung ...

...ist der Gegenwert eines großen Kapitals, das geräuschlos unberechenbar Zinsen spendet.»
Dieses Goethe-Wort könnte beinahe auch für Pfandbriefe gelten, allein: dafür bedarf es keines *großen* Kapitals, und die Zinsen sind berechenbar.

Pfandbrief und Kommunalobligation

**Meistgekaufte deutsche Wertpapiere - hoher
Zinsertrag - bei allen Banken
und Sparkassen**

Verbriefte  Sicherheit

Bibliographie

1. Bibliographische Hilfsmittel

ESCHELBACH, CLAIRE JOHN, und JOYCE LEE SHOBER: Aldous Huxley: A Bibliography, 1916–1959. Foreword by ALDOUS HUXLEY. Berkeley (University of California Press) 1961. 155 S.

CLARESON, THOMAS D., und CAROLYN S. ANDREWS: Aldous Huxley: A Bibliography, 1960–1964. In: Extrapolation 6 (1964), S. 2–21

WICKES, G. (ed.): Aldous Huxley at U. C. L. A; a Catalogue of the Manuscripts in the Aldous Huxley Collection with the Texts of Three Unpublished Letters. Los Angeles (University of California Library) 1964

ESCHELBACH, CLAIRE JOHN, und JOYCE SHOBER MARTHALER: Aldous Huxley: A Bibliography 1914–1964: A Supplementary Listing. In: Bulletin of Bibliography 28 (1971), S. 114–117

LASH, BARRY: By and About Aldous Huxley: A Bibliography of the Aldous Huxley Collection at Milne Library. Foreword by DONALD WATT. Milne Library, State University of New York, 1973. 34 S.

DAVIS, DENNIS DOUGLAS: Aldous Huxley: A Bibliography, 1965–1973. In: Bulletin of Bibliography 31 (1974), S. 67–70

BASS, EBEN E.: Aldous Huxley: An Annotated Bibliography of Criticism. New York & London (Garland) 1981. 221 S.

2. Werke im Original

(wenn nicht anders vermerkt, erstmals erschienen im Verlag Chatto & Windus, London)

The Burning Wheel (poems). Oxford (Blackwell) 1916
Jonah (poems). Oxford (Holywell Press) 1917
The Defeat of Youth and Other Poems. Oxford (Blackwell) 1918
Limbo (short stories). 1920
Leda (poems). 1920
Crome Yellow (novel). 1921
Mortal Coils (short stories). 1922
On the Margin, Notes and Essays. 1923
Antic Hay (novel). 1923
Little Mexican and Other Stories. 1924
Along the Road, Notes and Essays of a Tourist. 1925
Selected Poems. Oxford (Blackwell) 1925

Those Barren Leaves (novel). 1925
Two or Three Graces (short novel). 1926
Jesting Pilate: The Diary of a Journey. 1926
Essays New and Old. 1926
Proper Studies (essays). 1927
Point Counter Point (novel). 1928
Arabia Infelix and Other Poems. 1929
Do What You Will (essays). 1929
Vulgarity in Literature. 1930
This Way to Paradise (play based on Point Counter Point). 1930
Brief Candles (short stories). 1930
Music at Night (essays, including Vulgarity in Literature). 1931
The Cicadas (poems). 1931
The World of Light (play). 1931
Brave New World (novel). 1932
Texts and Pretexts (essays). 1932
The Letters of D. H. Lawrence. Edited and with an introduction by ALDOUS HUX-
    LEY. London (Heinemann) 1932
Beyond the Mexique Bay (travel). 1934
What Are You Going to Do About It? The case for constructive peace. 1936
Eyeless in Gaza (novel). 1936
The Olive Tree and Other Essays. 1936
An Encyclopedia of Pacifism. Edited by ALDOUS HUXLEY. 1937
Ends and Means: an enquiry into the nature of ideals and into the methods em-
    ployed for their realization. 1937
Afer Many a Summer (novel). 1939
Grey Eminence (historical biography). 1941
The Art of Seeing (essay). New York (Harper) 1942
Time Must Have a Stop (novel). New York (Harper) 1944
The Perennial Philosophy (quotations with extended commentary). New York
    (Harper) 1945
Science, Liberty and Peace (essays). New York (Harper) 1946
Verses and Comedy. 1946
Ape and Essence (novel in form of a filmscript). New York (Harper) 1948
The Gioconda Smile (play). 1948
Themes and Variations (essays). 1950
The Devils of Loudun (historical biography). 1952
The Doors of Perception (essays). 1954
The Genius and the Goddess (short novel). 1955
Heaven and Hell (essay). 1956
Adonis and the Alphabet, and Other Essays. 1956 – Amerikanischer Titel: Tomor-
    row and Tomorrow and Tomorrow, and Other Essays. New York (Harper) 1956
Collected Short Stories. 1957
The Genius and the Goddess (play). 1957
Brave New World Revisited (essays). New York (Harper) 1958
Collected Essays. New York (Harper) 1959
On Art and Artists (essays). 1960
Island (novel). 1962
Literature and Science (essays). 1963
Shakespeare and Religion (essay). In: HUXLEY JULIAN, ed., Aldous Huxley
    1894–1963: A Memorial Volume. 1965

The Crows of Pearblossom (children's book). New York (Random House) 1967
The Collected Poetry of Aldous Huxley. Edited by DONALD WATT. 1971
The Human Situation. Lectures at Santa Barbara, 1959. Edited by PIERO FER-
RUCCI. 1978
Moksha. Writings on Psychedelics and the Visionary Experience 1931–1963.
Edited by MICHAEL HOROWITZ and CYNTHIA PALMER. 1980

Werke in deutscher Übersetzung

(wenn nicht anders vermerkt, übersetzt von HERBERTH E. HERLITSCHKA)

Romane

Eine Gesellschaft auf dem Lande (Crome Yellow). Dt. von HERBERT SCHLÜTER.
München–Zürich (Piper) 1977; München (dtv 1623) 1981
Narrenreigen (Antic Hay). Dt. von HERBERT SCHLÜTER. München (Serie Piper
310) 1983
Parallelen der Liebe (Those Barren Leaves). Leipzig (Insel) 1929; Zürich (Stein-
berg) 1948; Frankfurt a. M. (Fischer-B. 416) 1961; München (dtv 1229) 1977
Kontrapunkt des Lebens (Point Counter Point). Leipzig (Insel) 1930; München
(Piper) 1951 und 1967; München (dtv 1158) 1976
Welt – wohin? Ein Roman der Zukunft (Brave New World). Leipzig (Insel) 1932;
beschlagnahmt Frühjahr 1933
Wackere neue Welt (Brave New World). Mit dem Vorwort von 1948. Zürich (Stein-
berg) 1950
Schöne neue Welt. Ein Roman der Zukunft – Dreißig Jahre danach oder Wiederse-
hen mit der Schönen neuen Welt (Brave New World – Brave New World Revi-
sited). München (Piper); 3. Auflage 1983
Schöne neue Welt. Ein Roman der Zukunft (Brave New World). Frankfurt a. M.
(Fischer-B. 26); 39. Aufl. 1985
Geblendet in Gaza (Eyeless in Gaza). München (Piper) 1953; München (Serie
Piper 794) 1987
Nach vielen Sommern (After Many a Summer). Zürich (Steinberg) 1945; München
(Piper) 1954; München (Serie Piper 496) 1986
Zeit muß enden (Time Must Have a Stop). Zürich (Steinberg) 1950; München
(Piper) 1961
Affe und Wesen (Ape and Essence). Zürich (Steinberg) 1951; München (Langen-
Müller) 1959; München (Kindler-Tb 49) 1964
Dt. von HERBERT SCHLÜTER. München (Serie Piper 337); 2. Aufl. 1985
Das Genie und die Göttin (The Genius and the Goddess). München (Piper) 1977
Eiland (Island). Dt. von MARLYS HERLITSCHKA. München (Piper) 1973

Theaterstücke

Die Welt des Lichts (The World of Light). Komödie in drei Akten. Bühnen-Manuskript im Theatervertrieb Europa-Verlag, Zürich, und Stahlberg, Karlsruhe,
1952
Das Lächeln der Gioconda (The Gioconda Smile). Schauspiel in drei Akten. Bühnen-Manuskript im Theatervertrieb Europa-Verlag, Zürich, und Stahlberg,
Karlsruhe. Erstaufführung: Stuttgart, 1951

Das Genie und die Göttin (The Genius and the Goddess). Schauspiel. Bühnen-Manuskript Theaterabteilung des S. Fischer Verlags. Aufführungen im SWF, WDR und Radio Basel, 1959

Historische Biographien

Die graue Eminenz (Grey Eminence). Zürich (Steinberg) 1948; München (Piper) 1962
Die Teufel von Loudun (The Devils of Loudun). München (Piper) 1955; München (dtv 10190) 1966

Kurzgeschichten

Das Lächeln der Gioconda. Jung-Archimedes. Leipzig (Insel) 1931; Frankfurt a. M. (Suhrkamp) 1979
Das Bankett für Tillotson. Grüne Tunnels. München (Piper) 1953
Schauet die Lilien und andere Erzählungen. Reclams UB 7864, 1955
Zwei oder drei Grazien. Leipzig (Insel) 1931
Aldous Huxley, Meistererzählungen. Zwei oder drei Grazien. Nach dem Feuerwerk. Zürich (Manesse) 1977
Die Ruhekur. Aus: Nach dem Feuerwerk. München (Langen-Müller) 1956
Die Ruhekur. Aus: Nach dem Feuerwerk. Dt. von H. von Rayakowski mit G. Glas u. a. München (dtv zweisprachig 9175) 1981
Glücklich bis ans Ende ihrer Tage. Erzählungen. Dt. von Herberth E. Herlitschka und Herbert Schlüter. München (Serie Piper 423) 1985
Der kleine Mexikaner. Erzählungen. Dt. von Herberth E. Herlitschka und Herbert Schlüter. München (Serie Piper 456) 1986

Essays

Pascal. Aus: Do What You Will. München (Langen-Müller) 1960
Ziele und Wege (Ways and Means). Dt. von Elisabeth Fischer. Berlin (Cornelsen) 1949
Die Kunst des Sehens. Was wir für unsere Augen tun können (The Art of Seeing). Dt. von Christoph Graf. München (Serie Piper 216); 3. Aufl. 1984
Wissenschaft, Freiheit und Frieden (Science, Liberty and Peace). Zürich (Steinberg) 1947
Themen und Variationen (Themes and Variations). München (Piper) 1952
Die Pforten der Wahrnehmung. Meine Erfahrungen mit Meskalin (The Doors of Perception). München (Piper) 1954
Himmel undHölle (Heaven and Hell). München (Piper) 1957
Die Pforten der Wahrnehmung – Himmel und Hölle. Erfahrungen mit Drogen. München (Serie Piper 6); 11. Aufl. 1984
Dreißig Jahre danach oder Wiedersehen mit der Wackeren neuen Welt (Brave New World Revisited). München (Piper) 1960
Literatur und Wissenschaft (Literature and Science). München (Piper) 1964
Shakespeare und die Religion (Shakespeare and Religion). In: Huxley, Julian (Hg.), Aldous Huxley zum Gedächtnis. München (Piper) 1969
Moksha. Auf der Suche nach der Wunderdroge. (Moksha. Writings on Psychedelics and the Visionary Experience 1931–1963). Dt. von Kyra Stromberg. München (Serie Piper 287) 1983

D. H. LAWRENCE: Briefe. Mit einer Einleitung von ALDOUS HUXLEY (The Letters of D. H. Lawrence). Dt. von ELISABETH SCHNACK. Zürich (Diogenes) 1979

Plädoyer für den Weltfrieden und Enzyklopädie des Pazifismus (What Are You Going to Do About It?/An Encyclopedia of Pacifism). Dt. von UTE MÄURER. München (Droemer Knaur) 1984

Die Ewige Philosophie. Kommentierte Zitate (The Perennial Philosophy). Dt. von H. R. CONRAD. Zürich (Steinberg) 1949

Die ewige Philosophie. Texte aus drei Jahrtausenden (The Perennial Philosophy). Dt. von H. R. CONRAD. Überarbeitete Neuausgabe München (Serie Piper 563) 1987

Die Krähen von Birnblüte (The Crows of Pearblossom). Bilder von HANS SCHABRACQ. Dt. von CONSTANZE HUB. München (Piper) 1976; (Heyne) 1979

3. Lebenszeugnisse

BEDFORD, SYBILLE: Aldous Huxley: A Biography. (Volume One: 1894–1939, Volume Two: 1940–1963). London (Chatto & Windus) 1973–1974

BEDFORD, SYBILLE: Aldous Huxley. A Biography. (Volume One: The Apparent Stability 1894–1939, Volume Two: Turning Points 1939–1963). London (Paladin Grafton Books) 1987

CLARK, RONALD W.: The Huxleys. London (Heinemann) 1968

HUXLEY, GERVAS: Both Hands: An Autobiography. London (Chatto & Windus) 1970

HUXLEY, JULIAN (ed.): Aldous Huxley 1894–1963: A Memorial Volume. London (Chatto & Windus) 1965
Aldous Huxley zum Gedächtnis. Dt. von Herberth E. Herlitschka. München (Piper) 1969

HUXLEY, JULIAN: Memories. 2 vols. London (Allen Unwin) 1970–1973
Ein Leben für die Zukunft: Erinnerungen. Dt. von Wilhelm Höck. München (dtv 1678) 1981

HUXLEY, JULIETTE: The Leaves of the Tulip. London (John Murray) 1985

HUXLEY, LAURA ARCHERA: This Timeless Moment: A Personal View of Aldous Huxley. London (Chatto & Windus) 1969

ROBERTS, CLÉMENTINE (édit.): Aldous Huxley: exhumation, correspondance inédite avec Sydney Schiff (1925–1937). Paris (Didier) 1976

SMITH, GROVER (ed.): Letters of Aldous Huxley. London (Chatto & Windus) 1969

4. Über Aldous Huxley (eine Auswahl)
Gesamtdarstellungen

ATKINS, JOHN: Aldous Huxley: A Critical Study. London (Calder) 1956

BORINSKI, LUDWIG: Meister des modernen englischen Romans (9. Kap.). Heidelberg (Quelle & Meyer) 1963

BOWERING, PETER: Aldous Huxley: A Study of the Major Novels. London (The Athlone Press) 1968

BRANDER, LAWRENCE: Aldous Huxley: A Critical Study. London (Hart-Davis) 1969

BROOKE, JOCELYN: Aldous Huxley. London (Longmans, Green) 1954

FERNS, C. S.: Aldous Huxley: Novelist. London (The Athlone Press) 1980

FIRCHOW, PETER: Aldous Huxley: Satirist and Novelist. Minneapolis (Universitiy of Minnesota Press) 1972

FRICKER, ROBERT: Der moderne englische Roman (S. 144–163). Göttingen (Vandenhoeck & Ruprecht) 1966

GÉRARD, ALBERT: À la rencontre d'Aldous Huxley. Liège (La Sixaine) 1947

HENDERSON, ALEXANDER: Aldous Huxley. London (Chatto & Windus) 1936

HOLMES, CHARLES: Aldous Huxley and the Way to Reality. Bloomington (University of Indiana Press) 1970

KUEHN, ROBERT (ed.): Aldous Huxley: A Collection of Critical Essays. Englewood Cliffs, N. J. (Prentice Hall) 1974

MAY, KEITH: Aldous Huxley. London (Elek) 1972

MECKIER, JEROME: Aldous Huxley: Satire and Structure. London (Chatto & Windus) 1969

RAMAMURTY, K. B.: Aldous Huxley: A Study of His Novels. London (Bombay Press) 1974

SCHLÜTER, KARL: Englische Dichter der Moderne: Ihr Leben und Werk (S. 411–422). Berlin (Dieter Riesner) 1971

THODY, PHILIP: Aldous Huxley: A Biographical Introduction. New York (Charles Scribner's Sons) 1973

TRIPATHY, A. K.: The Art of Aldous Huxley. London (Students' Friends) 1974

WATT, DONALD: Aldous Huxley: The Critical Heritage. London (Routledge & Kegan Paul) 1975

WATTS, HAROLD: Aldous Huxley. New York (Twayne Publishers) 1969

WOODCOCK, GEORGE: Dawn and the Darkest Hour: A Study of Aldous Huxley. New York (Viking Press) 1972

Untersuchungen: Bücher oder Buchkapitel

ADORNO, THEODOR W.: Aldous Huxley und die Utopie. In: Prismen: Kulturkritik und Gesellschaft. Frankfurt a. M. (Suhrkamp) 1955

ALDRIDGE, ALEXANDRA: The Scientific World View in Dystopia. Ann Arbor, Mich. (UMI Research Press) 1984

ASTRACHAN, ANTHONY: Aldous Huxley's Brave New World. Woodbury, N. Y. (Barron's Educational Series) 1984

BAKER, ROBERT: The Dark Historic Page: Social Satire and Historicism in the Novels of Aldous Huxley, 1921–1939. Madison (University of Wisconsin Press) 1982

BERTINETTI, R.: Il suicidio della cultura. Divagazioni su Brave New World. In: BERTINETTI-DEIDDA-DOMENICHELLI, L'infondazione di Babele: l'antiutopia. Milano (Angeli) 1983

BODE, CHRISTOPH: Intellektualismus und Entfremdung: das Bild des Intellektuellen in den frühen Romanen Aldous Huxleys. Bonn (Bouvier) 1979

BODE, CHRISTOPH: Aldous Huxley: Brave New World. München (Fink) 1985

BROICH, ULRICH: Die negative Utopie. In: Gattungen des modernen englischen Romans. Wiesbaden (Athenaion) 1975

BROWN, E. J.: Brave New World, 1984 and We: An Essay on Anti-Utopia. Ann Arbor, Mich. (UMI Research Press) 1976

CALDER, JENNI: Huxley and Orwell: Brave New World and Nineteen Eighty-Four. London (Arnold) 1976

CHAKOO, B. L.: Aldous Huxley and Eastern Wisdom. Delhi-Lucknow (Atma Ram) 1981

DOMMERGUES, ANDRÉ: L'amour dans l'œuvre d'Aldous Huxley. Paris (Minard) 1979

ERZGRÄBER, WILLI: Utopie und Antiutopie in der englischen Literatur: Morus, Morris, Wells, Huxley, Orwell. München (Fink) 1980

FIETZ, LOTHAR: Menschenbild und Romanstruktur in Aldous Huxleys Ideenromanen. Tübingen (Niemeyer) 1969

FIRCHOW, PETER: The End of Utopia: A Study of Aldous Huxley's Brave New World. London (Associated University Presses) 1984

GANDHI, KISHOR: Aldous Huxley: The Search for Perennial Religion. New Delhi (Arnold-Heinemann) 1980

GHOSE, SISIR: Aldous Huxley: A Cynical Salvationist. New York (Asia Publishing House) 1962

GNÜG, HILTRUD: Die negativen Staatsutopien. In: Der utopische Roman. München/Zürich (Artemis) 1983

GRANT, PATRICK: Belief in Mysticism: Aldous Huxley from Grey Eminence to Island. In: Six Modern Authors and Problems of Belief. London (Macmillan) 1979

GREENBLATT, STEPHEN: Three Modern Satirists: Waugh, Orwell and Huxley. New Haven (Yale University Press) 1965

GUARDAMAGNA, DANIELA: Huxley: Brave New World. In: Analisi dell' incubo. L'utopia negativa da Swift alla fantascienza. Roma (Bulzoni) 1980

HAGOPIAN JOHN V., und MARTIN DOLCH (eds.): Aldous Huxley: Brave New World. In: Insight II. Analyses of Modern British Literature. Frankfurt a. M. (Hirschgraben) 1970

HILLEGAS, MARC R.: The Future as Nightmare: H. G. Wells and the Anti-Utopians. New York (Oxford University Press) 1967

HINES, BEDE: The Social World of Aldous Huxley. Loretto (The Seraphic Press) 1957

MANFERLOTTI, STEFANO: Anti-utopia: Huxley, Orwell, Burgess. Palermo (Sellerio editore) 1984

OTTEN, KURT: Aldous Huxley: Point Counter Point. In: HORST OPPEL (Hg.), Der moderne englische Roman. Interpretationen. Berlin (Erich Schmidt) 1971

POPPE, REINER: Erläuterungen zu Aldous Huxley, Schöne neue Welt (Brave New World); Ray Bradbury, Fahrenheit 451. Hollfeld, Ofr. (Bange)

SAVAGE, DAVID S.: Mysticism and Aldous Huxley: An Examination of Heard-Huxley Theories. Norwood, Pa. (Norwood Editions) 1978

SCHECK, F. R.: Augenschein und Zukunft. Die anti-utopische Reaktion: Samjatins Wir, Huxleys Schöne neue Welt, Orwells 1984. In: E. BARMEYER (Hg.), Science Fiction: Theorie und Geschichte. München (Fink) 1972

SPIEL, HILDE: Huxleys Wege zum Heil. In: In meinem Garten schlendernd. München (Nymphenburger) 1981

THIEL, BERTHOLD: Aldous Huxley's Brave New World. Amsterdam (Grüner) 1980

WEBSTER, H. C.: Aldous Huxley: Sceptical Mystic. In: After the Trauma: Representative British Novelists Since 1920. Lexington (University of Kentucky Press) 1970

WITSCHEL, GÜNTER: Rausch und Rauschgift bei Baudelaire, Huxley, Benn und Burroughs. Bonn (Bouvier) 1968

145

WÖLFL, BERTHOLD: Kindheit und Jugend im Rahmen von Aldous Huxleys Cha-
raktergestaltung: eine Untersuchung auf realpsychologischer Grundlage.
Frankfurt a. M. (P. D. Lang) 1981
ZÄHNER, LILLY: Demon and Saint in the Novels of Aldous Huxley. Bern (Franke)
1975
ZAEHNER, R. C.: Mysticism, Sacred and Profane. London (Oxford University
Press) 1957 – Mystik, religiös und profan. Dt. von G. H. Müller. Stuttgart (Klett)
1960

Zeitschriften

BARTLETT, NORMAN: Aldous Huxley and D. H. Lawrence. Australian Quarterly,
36 (1964), 76–84
BIRNBAUM, MILTON: Aldous Huxley: An Aristocrat's Comment on Popular Cul-
ture, Journal of Popular Culture, 2 (1968), 106–112
BIRNBAUM, MILTON: Aldous Huxley's Animadversions upon Sexual Love. Texas
Studies in Literature and Language, 8 (1966), 285–296
BIRNBAUM, MILTON: Aldous Huxley's Views on Education. Xavier University Stu-
dies, 6 (1967), 81–91
BROWNING, WILLIAM G.: Toward a Set of Standards for Evaluating Anti-Utopian
Fiction. Cithara, 10 (1970), 18–32
BULLOUGH, GEOFFREY: Aspects of Aldous Huxley. English Studies, 30 (1949),
233–243
CHASE, RICHARD V.: The Huxley-Heard Paradise. Partisan Review, 10 (1943),
143–158
CLARESON, THOMAS D.: The Classic: Aldous Huxley's Brave New World. Extra-
polation, 2 (1961), 33–40
DOMMERGUES, ANDRÉ: Aldous Huxley: Une œuvre de jeunesse: Crome Yellow.
Études anglaises, 21 (1968), 1–18
DRIEU LA ROCHELLE, PIERRE: A propos d'un roman anglais (Point Counter
Point). Nouvelle revue française, 19 (1930), 721–731
DYSON, A. E.: Aldous Huxley and the Two Nothings. Critical Quarterly, 3 (1961),
293–309
ENROTH, CLYDE: Mysticism in Two of Aldous Huxley's Early Novels. Twentieth
Century Literature, 6 (1960), 123–132
FIRCHOW, PETER: Mental Music: Huxley's Point Counter Point and Mann's Magic
Mountain as Novels of Ideas. Studies in the Novel, 9 (1977), 518–536
FIRCHOW, PETER: The Satire of Huxley's Brave New World. Modern Fiction Stu-
dies, 12 (1966), 260–278
FIRCHOW, PETER: Science and Conscience in Huxley's Brave New World. Contem-
porary Literature, 16 (1975), 301–316
FIRCHOW, PETER: Wells and Lawrence in Huxley's Brave New World. Journal of
Modern Literature, 5 (1976), 260–278
GÉRARD, ALBERT: Aldous Huxley, ou celui qui croit devenir sage. Revue générale
belge (1955), 1839–1851
HEARD, GERALD: The Poignant Prophet. The Kenyon Review, 27 (1965), 49–
79
KESSLER, MARTIN: Power and the Perfect State: A Study in Disillusionment as
Reflected in Orwell's Nineteen Eighty-Four and Huxley's Brave New World.
Political Science Quarterly, 72 (1957), 565–577

Lalou, René: Les fins et les moyens d'Aldous Huxley. Études anglaises, 2 (1938), 353–371

Lesper, Geoffrey: The Happy Utopias of Aldous Huxley and H. G. Wells. Meanjin Quarterly 24 (1965), 120–124

Maes-Jelinek, Hena: Aldous Huxley's Collected Essays. Revue des langues vivantes, 3 (1961), 253–261

Matter, William W.: The Utopian Tradition and Aldous Huxley. Science-Fiction Studies, 2 (1975), 146–151

Richards, D.: Four Utopias: Dostoevsky's Grand Inquisitor, Zamyatin's We, Huxley's Brave New World, and Orwell's 1984. Slavonic and East European Review, 40 (1962), 220–228

Sadler, A. W.: The Zaehner-Huxley Debate. Journal of Religious Thought, 21 (1964–1965), 43–50

Schmerl, Rudolf B.: Aldous Huxley's Social Criticism. Chicago Review, 13 (1959), 37–58

Schmerl, Rudolf B.: The Two Future Worlds of Aldous Huxley. PMLA, 77 (1962), 328–334

Sharma, Arvind: Mescalin and Hindu Mystical Experience. Studies in Religion. A Canadian Journal, 5 (1975), 171–176

Stewart, Douglas H.: Aldous Huxley's Island. Queen's Quarterly, 70 (1963), 326–335

Vitoux, Pierre: Aldous Huxley and D. H. Lawrence: An Attempt at Intellectual Sympathy. Modern Language Review, 69 (1974), 501–522

Vitoux, Pierre: Structure and Meaning in Aldous Huxley's Eyeless in Gaza. Yearbook of English Studies, 2 (1972), 212–224

Watt, Donald J.: The Criminal-Victim Pattern in Huxley's Point Counter Point. Studies in the Novel, 2 (1970), 42–51

Watt, Donald J.: Vision and Symbol in Aldous Huxley's Island. Twentieth Century Literature, 14 (1968), 149–160

Westlake, J. H. J.: Aldous Huxley's Brave New World and George Orwell's Nineteen Eighty-Four: A Comparative Study. Die neueren Sprachen, 21 (1971), 94–102

Yoder, Edwin M.: Aldous Huxley and His Mystics. Virginia Quarterly Review, 42 (1966), 290–294

Zaehner, R. C.: The Menace of Mescalin. Blackfriars, 35 (1954), 310–323

Zaehner, R. C.: Mescalin and Mr. Aldous Huxley. Listener, 55 (1956), 506–507

Dissertationen in deutscher Sprache

Bode, Christoph: Intellektualismus und Entfremdung: das Bild des Intellektuellen in den frühen Romanen Aldous Huxleys. Marburg, 1978

Enkemann, Jürgen: Die satirische Darstellung gesellschaftlicher Desintegration bei Aldous Huxley, Evelyn Waugh und Angus Wilson. Berlin (West), 1969

Finze, Rena: Romanheld und Wirklichkeit im Romanschaffen Aldous Huxleys: der Einfluß der Entfremdung auf die Gestaltentypisierung. Leipzig, 1980

Gottwald, Johannes: Die Erzählform der Romane von Aldous Huxley und David Herbert Lawrence. München, 1964

Heintz-Friedrich, Suzanne: Aldous Huxley: Entwicklung seiner Metaphysik. Zürich, 1948

HOLZ, LUDWIG: Methoden der Meinungsbeeinflussung bei Orwell und Aldous Huxley. Hamburg, 1963

KANN, HANS-JOACHIM: Übersetzungsprobleme in den deutschen Übersetzungen von drei anglo-amerikanischen Kurzgeschichten: Aldous Huxleys «Green Tunnels», Ernest Hemingways «The Killers» und «A Clean, Well-lighted Place». Mainz, 1967

KUNZE, CLAUS: Das Denken Aldous Huxleys: anthropologische Erfahrung und Metaphysik. Frankfurt a. M., 1981

PLOOG, HANNELORE: Zu weltanschaulich-philosophischen Problemen in Aldous Huxleys Utopie «Schöne neue Welt». Berlin (Humboldt-Univ.), 1975

POSCHMANN, WILHELM: Das kritische Weltbild bei Aldous Huxley: eine Untersuchung über Bedeutung, Grenzen und Mittel seiner Kritik. Bonn, 1937

ROHMANN, GERD: Aldous Huxley und die französische Literatur. Marburg, 1968

SELCK, MAREN: Der Kontrapunkt als Strukturprinzip bei Aldous Huxley. Köln, 1954

WÖLFL, BERTHOLD: Kindheit und Jugend im Rahmen von Aldous Huxleys Charaktergestaltung: eine Untersuchung auf realpsychologischer Grundlage. Marburg, 1979

Namenregister

Die kursiv gesetzten Zahlen bezeichnen die Abbildungen

Über den Autor

Theo Schumacher, geboren 1925 in Weiden (Oberpfalz). Kindheit und Jugend in Augsburg (Besuch des humanistischen Gymnasiums). Drei Jahre Kriegsdienst und Gefangenschaft, danach Studium der Anglistik und Romanistik an der Universität München. 1950 Aufenthalt als Lehrender und Lernender am Kansas State Teachers College. Bis 1987 im Lehramt für Gymnasien in München, davon vierzehn Jahre als Leiter eines Studienseminars für Französisch. Neben Veröffentlichungen für den neusprachlichen Unterricht zahlreiche Übersetzungen aus der angelsächsischen und italienischen Literatur.

Quellennachweis der Abbildungen

Chatto & Windus, The Hogarth Press: 6, 13, 15, 21, 23, 25, 26, 48, 50, 51, 61, 65, 95, 121

National Portrait Gallery, London: 10, 74 o.

Ullstein-Bilderdienst, Berlin: 11, 18, 57, 78, 80, 90

Kenneth M. Bryant: 14, 16 o. und u., 124 o. und u.

Aus: Ronald W. Clark, The Huxleys, London 1968: 12, 27, 115

Aus: Großbritannien – Irland, Luzern o. J.: 34, 35, 58

BBC, Hulton Picture Library: 20, 32, 96

Keystone: 37

Aus: The Letters of D. H. Lawrence, London o. J.: 38

Cecil Beaton: 41

Royal Library, Windsor Castle: 47 o.

Eugen Diederichs Verlag: 47 u.

The Tate Gallery: 74 u.

Aus: «Die Sammlung», Amsterdam 1935: 62

Black Star Photo: 81

Guimet: 82

Collection Percheron: 83

British Museum, London: 87

Aus: Walter Nigg, Große Heilige, Zürich o. J.: 89

Aus: Aldous Huxley, Themes and Variations, London 1950: 97

Aus: Aldous Huxley, The devils of Loudun, London 1952: 98

Biblioteca Nazionale: 107

Privatsammlung: 106

Photo Alinari, Florenz: 109

Emi-Electrola: 116

Aus: Laura Archera Huxley, This Timeless Moment: 122, 123, 125

Popperfoto: 119

Bilderdienst Süddeutscher Verlag, München: 45

Los Angeles Times: 117

C 2058/6 a

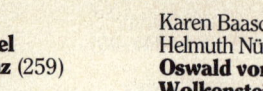

C 2058/6 b

rowohlts bildmonographien

Thema Literatur

rororo bildmonographien

C 2058/6 c

C 2053/7